Hamburger
Steuerungsmodell

Hamburg richtig steuern

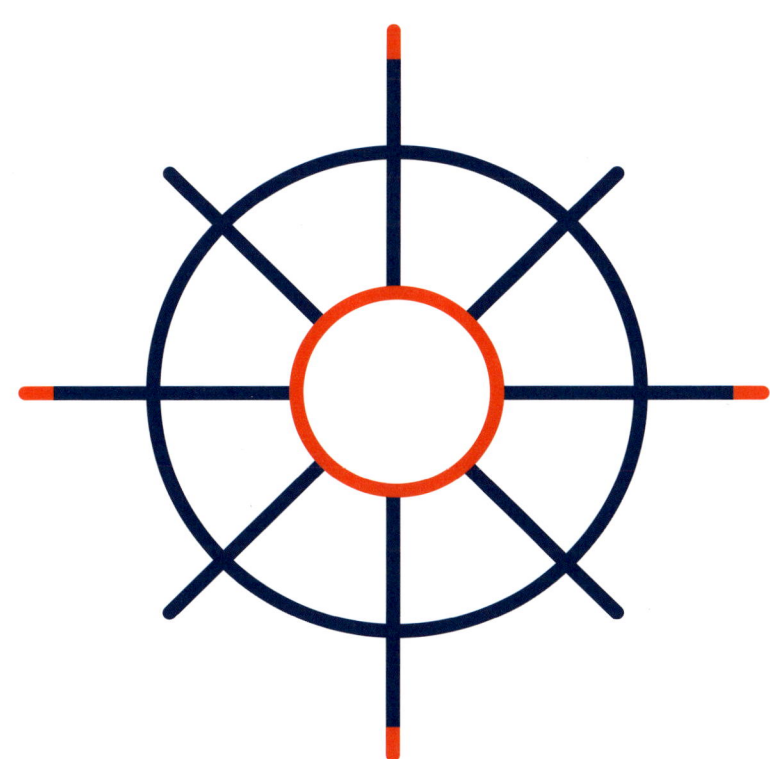

Inhalt

1. Vorwort

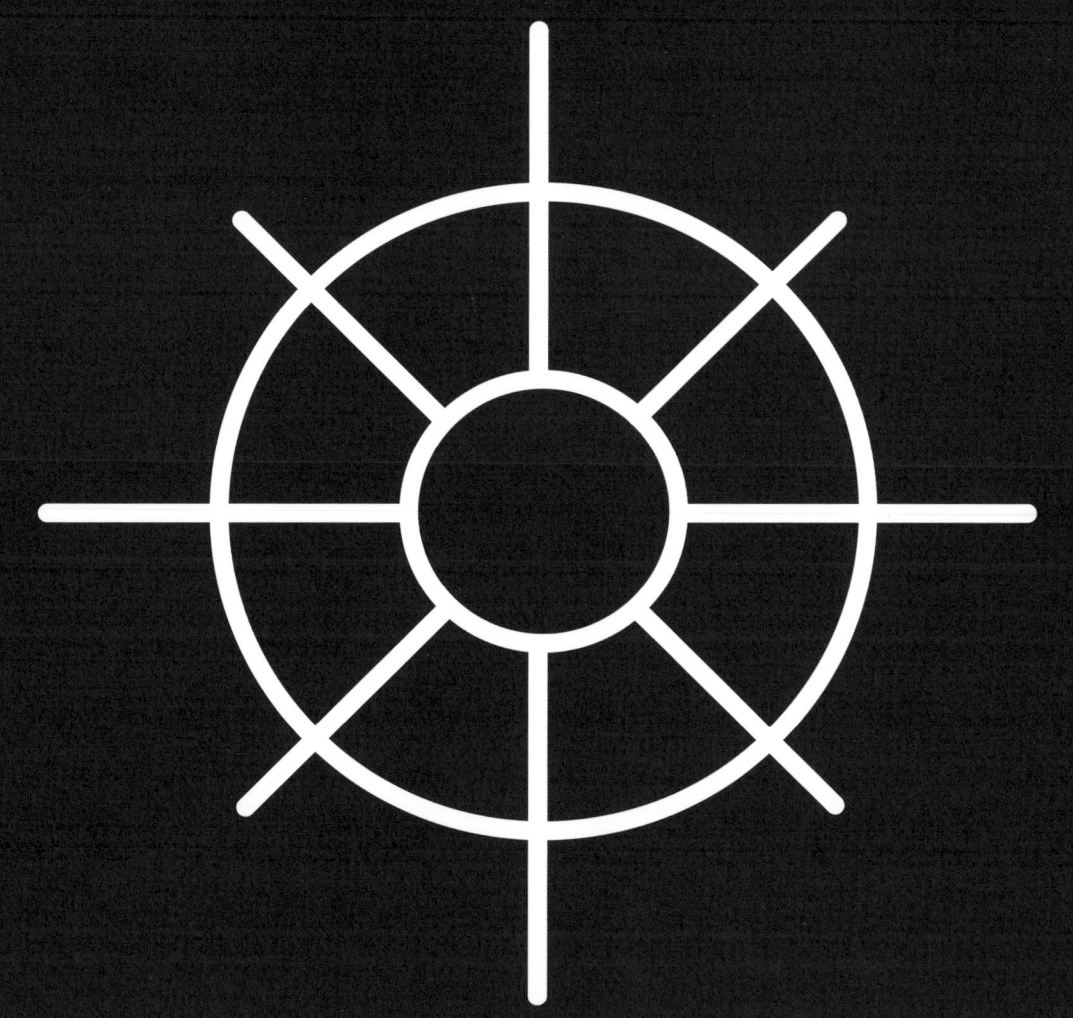

1. Vorwort

Hamburg hat als wirtschaftlich starker Stadtstaat immer eine besondere Rolle im deutschen Föderalismus gespielt. In Hamburg werden die kommunalen Angelegenheiten in eigener Verantwortung geregelt und die staatlichen Aufgaben vor Ort erfüllt. Gleichzeitig entscheidet Hamburg als eines von sechzehn deutschen Ländern auf Bundesebene mit. Mit ihren Behörden, Ämtern, Betrieben und Unternehmen verfügt die Freie und Hansestadt Hamburg über eine innovative und moderne Verwaltung mit qualifizierten und engagierten Beschäftigten, die dem Wohl der Allgemeinheit und den Grundsätzen der Bürgernähe und Transparenz verpflichtet sind.

Die Hamburger Verwaltung hat sich immer modernisiert. In den 1990er Jahren hat sie damit begonnen, das Neue Steuerungsmodell einzuführen und im Rahmen von mehreren Modernisierungsphasen im Jahre 2013 mit dem Gesetz zur strategischen Neuausrichtung des Haushaltswesens (SNH-Gesetz) einen leistungsbezogenen Produkthaushalt nach den Standards der staatlichen Doppik geschaffen.

Die im Jahr 2022 durchgeführte Evaluation der Strategischen Neuausrichtung des Haushaltswesens der Freien und Hansestadt Hamburg anhand des internationalen Bewertungsrahmen „Public Expenditure and Financial Accountability Frameworks" (PEFA) kommt zu dem Ergebnis, dass in Hamburg ein effektives und effizientes Planungs- und Steuerungssystem für Politik und Verwaltung etabliert ist.

Zur Fortsetzung der Haushaltsmodernisierung startete die Freie und Hansestadt Hamburg im Jahr 2020 unter anderem das Projekt „Weiterentwicklung der Digitalen Verwaltung und des Digitalen Haushalts – ERP 4.0". Die Systemlandschaft des Enterprise Resource Planning (ERP) soll für die Aufstellung des Haushalts, seine Bewirtschaftung und die Abrechnung bis 2025 fachlich und technisch von Grund auf weiterentwickelt und noch besser an die Bedürfnisse einer modernen digitalen Verwaltung angepasst werden. Zu den Zielen des Projekts gehören insbesondere die Erweiterung der Möglichkeiten für ergebnisbezogene Steuerung und Kontrolle, Verringerung der Komplexität der Strukturen in der Haushaltsplanung, der Planausführung und der Abschlusserstellung, jederzeit abrufbare Verwaltungsinformationen sowie verbesserte Möglichkeiten zur Gesamtsteuerung mittels eines standardisierten elektronischen Berichtswesens.

Die Digitalisierung verändert die öffentliche Verwaltung und auch ihre Steuerung. Die Digitalisierung des Finanzmanagements wird zukünftig eine bessere nachhaltige und wirkungsorientierte Steuerung möglich machen, indem für die politisch-administrative Steuerung der Verwaltung alle steuerungsrelevanten Informationen digital zusammengeführt und verknüpft werden können.

Entscheidend für die Steuerungsfähigkeit der Verwaltung ist allerdings, dass die Führungskräfte es als ureigene Aufgabe verstehen, Leistungserbringung und Ressourceneinsatz zu verbessern. Dazu, dass das auf Basis der Strategischen Neuausrichtung des Haushaltswesens entstandene „Hamburger Steuerungsmodell" als Führungs- und Managementinstrument nachhaltig vermittelt und verstanden werden kann, dient dieses Handbuch.

Ich bedanke mich bei allen, die an der Entstehung dieses Handbuches zum Hamburger Steuerungsmodell mitgewirkt haben. Mein ganz besonderer Dank gilt Herrn Michael Klöker sowie all denen in der Hamburger Verwaltung, auf deren Texte dieses Buch aufbauen konnte.

Dr. Andreas Dressel
Senator und Präses der Finanzbehörde
der Freien und Hansestadt Hamburg

2. Allgemeine Einführung

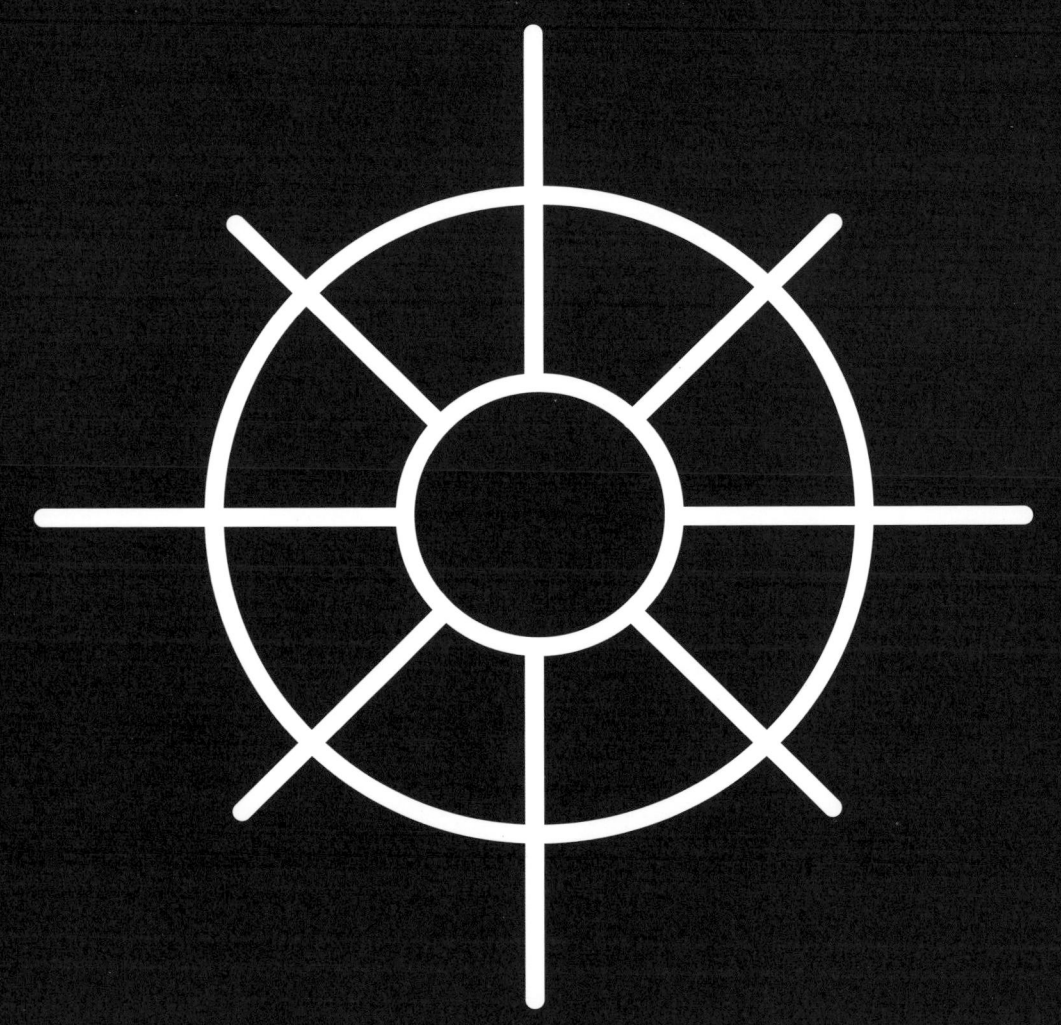

2. Allgemeine Einführung

Die Verwaltung muss ständige Selbstreflexion betreiben, damit öffentliche Aufgaben zeitgemäß wahrgenommen und die öffentlichen Leistungen bestmöglich sowie wirtschaftlich und sparsam erbracht werden. Verwaltungsmodernisierung dient dazu, zweckmäßige Leistungen für die Bürgerinnen und Bürger sowie für die Wirtschaft ressourcensparend zu erbringen, die das Leben der Menschen verbessern.

In Deutschland ist die Verwaltung nicht typisch monokratisch organisiert, sondern auf horizontaler und vertikaler Ebene miteinander verflochten. Nach dem Grundgesetz ist die Erfüllung aller staatlichen Aufgaben grundsätzlich Sache der Länder. Soweit den Kommunen staatliche Aufgaben zugewiesen wurden, werden sie als örtliche Verwaltungsträger tätig.

Nachdem 1993 in Hamburg das Neue Steuerungsmodell vorgestellt wurde und in den Kommunen große Reformwellen auslöste, haben sich insbesondere die Großstädte zu kostenbewussten und kundenorientierten Dienstleistern entwickelt. Viele Kommunen haben nicht nur die doppelte Buchführung, sondern eine ergebnisorientierte Budgetierung und zielorientierte Steuerung eingeführt. Dadurch werden Ziele explizit formuliert und ihre Erreichung durch geeignete Kennzahlen dokumentiert. Die Ausrichtung auf klare Ziele, die Konzentration auf die wesentlichen Produkte und die Delegation von Ressourcenverantwortung haben die Komplexität in der Verwaltung reduziert. Die Kosten- und Leistungsrechnung gehört in vielen Städten und Gemeinden mittlerweile zum Standard.

Im Rahmen der strategischen Steuerung stellen sich immer wieder folgende Grundfragen:

- Wie soll sich die Gebietskörperschaft verändern?
- Welche Veränderungen gibt es bei den Zielgruppen?
- Welche Leistungen soll die Verwaltung anbieten?
- Wie sollen die Leistungen erstellt werden?
- Welche Ressourcen können eingesetzt werden?

Die Verwaltung muss immer wieder von neuem auf ihren Zweck ausgerichtet werden, der vordringlich als das Wohl der Allgemeinheit festgeschrieben ist. Den Menschen bedarfsgerechte Leistungen anzubieten, ist die Grundlage des Staates. Dabei muss sich die Verwaltung auf die Leistungserbringung konzentrieren und sich immer wieder fragen, was sie im Leben der Menschen tatsächlich verbessert. Zukünftig wird es vermehrt darum gehen, die beabsichtigten Wirkungen in den Blick zu nehmen und die Steuerung der Verwaltung noch besser auf die Erzielung von Ergebnissen auszurichten.

Entscheidend für den Erfolg der Verwaltung ist, dass alle ihre Ebenen und Organisationen – einschließlich der öffentlichen Unternehmen – an gemeinsamen Zukunftsvisionen und -missionen arbeiten. Mit den globalen Zielen für nachhaltige Entwicklung (Sustainable Development Goals – SDG) gibt es schon eine gute gemeinsame Basis für die Ableitung von ökologischen, sozialen und ökonomischen Zielrichtungen. Missionsbasierte Steuerungsansätze, die sich am öffentlichen Zweck orientieren, können helfen, dass sich die öffentlichen – aber auch die privaten Akteure, die öffentliche Zuwendungen erhalten, – gemeinsam ausrichten, um anspruchsvolle Ziele zu erreichen. Alle dezentralen Akteure wirken auf die gemeinsamen Ziele hin und setzen ihre Ressourcen dafür ein. Herausfordernd ist dabei, die zentrale Steuerungsverantwortung mit der dezentralen Umsetzungsverantwortung in Einklang zu bringen. Einerseits müssen Anreize für die effiziente und effektive Erreichung von Zielen in den dezentralen Einheiten geschaffen werden. Andererseits müssen zentrale Vorgaben den erforderlichen Rahmen für die Gesamtverantwortung der dezentralen Akteure geben.

Auf der Basis von Zielen über die Wahl der Mittel selbst zu entscheiden, macht die Verwaltung leistungsfähiger und schneller. Deshalb hat eine Vielzahl der Städte in Deutschland Elemente ergebnisorientierter Budgetierung eingeführt. Dazu gehört zum einen die Zusammenführung von Ergebnis- und Finanzverantwortung in den einzelnen organisatorischen Einheiten und zum anderen eine ergebnisorientierte Steuerung, die die angestrebten Wirkungen festlegt. Die ergebnisorientierte Budgetierung gewährt den notwendigen Managementspielraum und erhöht die Transparenz hinsichtlich der Leistungserbringung. Einer erfolgreichen Budgetierung dienen insbesondere die Verknüpfung von programmatischen Vorgaben und strategischen Zielen mit der operativen Planung und Steuerung, die Koppelung von Budgets mit Wirkungszielen und aussagekräftigen Kennzahlen sowie der Einsatz eines adressatengerechten Berichtswesens.

Klare Ziele schaffen die Grundlage für dezentrale Autonomie und Delegation von Verantwortung. Verwaltungssteuerung sollte von der Erkenntnis geprägt sein, dass die Frage, wie eine Aufgabe optimal erledigt wird, am besten dezentral entschieden wird. Die Beschäftigten der dezentralen Einheiten verfügen über Wissen, das benötigt wird, um die großen Herausforderungen von Ökologie, Ökonomie und Sozialem meistern zu können. Entscheidend ist, dass klare Ziele vorhanden sind und möglichst wenige Eingriffe von außen erfolgen. Es sollte nur vorgegeben werden, was erreicht werden soll, und den dezentralen Akteuren überlassen bleiben, wie sie die Ziele erreichen.

Eigenständig handelnde und zur Verantwortung fähige Menschen in der Verwaltung können flexibel auf neue Anforderungen reagieren, wenn man ihnen die Freiheit dazu gibt. Statt zentralistischer Detailsteuerung ist eine Globalsteuerung erforderlich, die die dezentralen Akteure in der Zielerreichung unterstützt. Dezentrale Gesamtverantwortung kann allerdings nur gewährt werden, wenn gleichzeitig Informationspflichten festgelegt werden. Dezentrale Fach- und Ressourcenverantwortung und Verwaltungscontrolling sind zwei Seiten einer Medaille. Managementsysteme müssen die Verbindung von globalen Zielen und alltäglichem Verwaltungshandeln sicherstellen.

Arne Schneider
Haushaltsdirektor

haushalt.hamburg

3. Hamburger Reformphilosophie

3. Hamburger Reformphilosophie

Zu Beginn der 1990er Jahre verbreitete sich international die Reformphilosophie des New Public Managements, die den Fokus auf mehr Ökonomie, marktorientierte Steuerung, Wettbewerb und Managementkompetenzen in der öffentlichen Verwaltung richtete. In Deutschland etablierte sich dafür der Begriff des Neuen Steuerungsmodells, das die KGSt im Jahre 1993 in einem grundlegenden Bericht beschrieb. Das Neue Steuerungsmodell sah vor, eine unternehmensähnliche, dezentrale Führungs- und Organisationsstruktur aufzubauen, so dass sich die Verwaltung zum politisch gesteuerten, kostenbewussten und bürgerorientierten Dienstleistungsunternehmen entwickelt. Zu den Kernelementen des Neuen Steuerungsmodells gehörten eine klare Verantwortungsabgrenzung zwischen Politik und Verwaltung, Führung durch Leistungsabsprache (Kontraktmanagement), dezentrale Gesamtverantwortung in den Organisationseinheiten sowie zentrale Steuerung und Output-Steuerung.

Das Neue Steuerungsmodell traf in Hamburg auf eine große Akzeptanz und löste hier eine beachtliche Reformwelle aus. Im Jahr 1981 hatte eine Kommission bereits zur Überprüfung von Verbesserungsmöglichkeiten in der hamburgischen Verwaltung Vorschläge zur Stärkung der eigenverantwortlichen Steuerung von Behörden vorgelegt. Die Verwaltungsstrukturreform von 1993 strebte dann die flächendeckende Einführung der dezentralen Ressourcenverantwortung an.

Im Jahre 1994 beschloss der Senat, das Neue Steuerungsmodell in zweijährigen Pilotprojekten zu erproben. 1995 wurde dann die flächendeckende Einführung der Elemente des Neuen Steuerungsmodells als Ziel der Verwaltungsmodernisierung formuliert. Ein wesentlicher Schwerpunkt der Modernisierung lag in Hamburg in der Haushaltswirtschaft. Ein zentrales Element der damaligen Reformdiskussionen war die Forderung nach einer Budgetierung. Fach- und Ressourcenverantwortung sollten zusammengeführt werden, indem weitgehend globale Budgets zur Verfügung gestellt werden, um in deren Rahmen definierte Leistungsziele zu erreichen.

In Hamburg wurde das Neue Steuerungsmodell ab dem Jahre 1995 in einer Reihe von Bereichen erprobt. Parallel wurden Leitfäden zu den Themen Leistungsvereinbarungen, Controlling, Produktdefinition, Kosten- und Leistungsrechnung (KLR), Qualitätsmanagement, Erfolgskontrollen und Geschäftsprozessoptimierung entwickelt. Bereits bei der Aufstellung des Haushaltsplans für das Jahr 1996 wurde ein Eckwerteverfahren angewendet. Im Jahre 1998 wurde dann die Landeshaushaltsordnung für die Einführung von Elementen des Neuen Steuerungsmodells, wie der Bewirtschaftung von Budgets in dezentraler Verantwortung, Nutzung von Kosten- und Leistungsrechnung und dem Einsatz von Zielvereinbarungen, geöffnet. Parallel wurden in Hamburg sukzessive die Deckungsfähigkeiten, Übertragbarkeiten und Einnahmebindungen ausgeweitet. Der Bürgerschaft wurden mit dem Haushaltplan des Jahres 1998 flächendeckend Produktinformationen vorgelegt. Sie enthielten über alle Einzelpläne Aussagen über die Produkte der Verwaltung, die sie zusammenfassenden Produktgruppen und die Produktbereiche des jeweiligen Ressorts.

In den frühen 2000er Jahren formulierte die Freie und Hansestadt Hamburg den Anspruch, das Recht wahrzunehmen, ihr Haushalts- und Rechnungswesen in größerem Umfang selbst zu gestalten und ihren Haushalt zu einem wirkungsorientierten, doppischen Produkthaushalt weiterzuentwickeln. In einem Rechtsgutachten für die Freie und Hansestadt Hamburg stellte Professor Ferdinand Kirchhof fest, dass der Einführung der Doppik keine verfassungsrechtlichen Gründe entgegenstünden. Seitdem hat Hamburg in einem mehrstufigen Prozess in der Verwaltung das doppische Haushaltswesen eingeführt.

Zudem wurde auch die Steuerung der öffentlichen Unternehmen verbessert. Seit dem Jahr 2002 ist die Beteiligungssteuerung der Stadt nach dem so genannten Verantwortungsmodell organisiert, in dem die fachliche und wirtschaftliche Steuerung der städtischen Unternehmen in der jeweils zuständigen Fachbehörde liegt. Die Finanzbehörde ist im erweiterten Verantwortungsmodell bei wirtschaftlich besonders bedeutsam eingestuften Beteiligungen in die Steuerung eingebunden.

2003 beginnt in Hamburg der Reformprozess, in dem sowohl das Rechnungswesen der Verwaltung als auch die Planung, Steuerung und Bewirtschaftung des Haushaltsplans auf die staatliche Doppik umgestellt werden sollte. Im Jahr 2006 veröffentlichte die Freie und Hansestadt Hamburg – noch als Ergänzung zum weiterhin führenden kameralen Haushaltswesen – als erstes deutsches Land eine Eröffnungsbilanz auf den 1. Januar 2006. Die erste doppische Konzernbilanz wurde mit dem Geschäftsbericht 2007 vorgelegt.

Einen wesentlichen Meilenstein in Richtung einer ressourcenorientierten Steuerung bildete das Projekt „Neues Haushaltswesen Hamburg" (NHH) mit doppischer Mittelbewirtschaftung, Kosten- und Leistungsrechnung, Output-Orientierung mittels Produkten und Kennzahlen, adressatengerechtem Berichtswesen und der Zusammenführung von Finanz- und Fachverantwortung. Die rechtliche Voraussetzung für die Erprobung eines neuen Haushaltswesens wurde im Jahr 2007 durch die Bürgerschaft geschaffen. Der Senat war damit berechtigt, eine Erprobung der doppischen Veranschlagung sowie die Bewirtschaftung und Abrechnung von Teilen des Haushaltsplans im Rahmen von Aufgabenbereichen festzulegen. Die Erprobung des Neuen Haushaltswesens wurde mit dem Haushaltsplan 2010 begonnen.

Auf Initiative Hamburgs wurde im Jahre 2009 mit dem Haushaltsgrundsätzemodernisierungsgesetz (HGrGMoG) im Haushaltsgrundsätzegesetz (HGrG) die Möglichkeit geschaffen, die Aufstellung, Bewirtschaftung und Rechnungslegung des Haushalts nach Produktstrukturen zu gliedern. Mit der Ergänzung um eine Outputorientierung wurde die Programmfunktion des Haushalts gestärkt. Produkthaushalte eröffnen die Möglichkeit, den Blick auf die Effizienz und Effektivität des Mitteleinsatzes zu lenken, und auch Zukunftslasten in finanzpolitische Entscheidungen einzubeziehen. Bei Produkthaushalten sind Kennzahlen zu definieren, mit denen die Aufgabenerfüllung und die Zielerreichung der Produkte durch aussagefähige und messbare Größen beurteilt werden können. Mit dem Haushaltsgrundsätzemodernisierungsgesetz wurde zudem im Haushaltsgrundsätzegesetz die Möglichkeit geschaffen, die Haushaltswirtschaft ausschließlich nach den Grundsätzen der staatlichen Doppik zu gestalten, um mit der Ressourcenverbrauchs- und der Vermögenssicht eine nachhaltige Finanzpolitik zu stützen und die intergenerative Gerechtigkeit zu fördern.

Im Jahre 2011 wurden das NHH-Projekt evaluiert und die Ausgestaltung einer strategischen Neuausrichtung des Haushaltswesens konkretisiert. Das Reformprojekt wurde seither unter der neuen Bezeichnung „Strategische Neuausrichtung des Haushaltswesens" (SNH) weitergeführt. Im Jahre 2013 hat die Bürgerschaft das SNH-Gesetz beschlossen und damit die Landeshaushaltsordnung neu gefasst. Das Gesetz war erstmals für das Haushaltsjahr 2015 anzuwenden. Damit wurde der Haushalt an den Leistungen der Verwaltung in Form von Produkten ausgerichtet. Der Leistungszweck wird in Form der zugeordneten Produkte, der Ziele, Kennzahlen und Kennzahlenwerte dargestellt.

Am Ende einer mehrjährigen Übergangsphase, in der die Pläne der einzelnen Behörden nach und nach in die Doppik überführt wurden, konnte 2014 in Hamburg erstmals ein haushaltsrechtlich führender volldoppischer Produkthaushalt für die Jahre 2015 und 2016 aufgestellt werden. Mit dem Haushaltsjahr 2015 wurden neben dem Haushaltsplan auch seine Bewirtschaftung und Abrechnung sowie das unterjährige Berichtswesen gegenüber der Bürgerschaft auf einen leistungsbezogenen Produkthaushalt nach den Standards der staatlichen Doppik umgestellt.

Zur Fortentwicklung des Beteiligungsmanagements wurde im Jahr 2019 ein behördenübergreifendes Projekt eingesetzt, um u. a. ein an den Steuerungs- und Informationsbedürfnissen der städtischen Akteure ausgerichtetes Berichtswesen einzuführen. Ein ganzheitliches Risikomanagement soll dabei unterstützen, Risiken aus dem Beteiligungsbereich rechtzeitig aufzudecken, um möglichen Folgen für den städtischen Haushalt frühzeitig entgegentreten zu können.

Im Jahre 2021 hat der Senat mit dem Bericht über die Erfahrungen mit dem SNH-Gesetz eine Evaluation auf der Grundlage nationaler und internationaler Standards vorgelegt. Der Erfahrungsbericht zeigt, dass die Zielsetzungen der Neuausrichtung erreicht und damit wesentliche Elemente einer transparenten und effizienten Ressourcen- und Leistungssteuerung etabliert wurden. Nach dem internationalen Bewertungsrahmen „Public Expenditure and Financial Accountability" (PEFA) konnten nahezu durchgängig gute und sehr gute Bewertungen erreicht werden. Im OECD-Vergleich zählt Hamburg damit zu den fortschrittlichen Gebietskörperschaften, die eine doppische Haushaltsrechnung und Haushaltsplanung aufweisen und diese mit einer Darstellung von Leistungszielen verknüpfen.

Mit dem Gesetz zur Weiterentwicklung des digitalen Finanzmanagements und zur Änderung haushaltsrechtlicher Vorschriften wurde die Landeshaushaltsordnung (LHO) im Jahre 2021 dahingehend ergänzt, dass bei der Aufstellung und der Ausführung des Haushaltsplans den Grundsätzen der Wirkungsorientierung – insbesondere unter Berücksichtigung des Ziels der tatsächlichen Gleichstellung der Geschlechter und des Prinzips der ökologischen, ökonomischen und sozialen Nachhaltigkeit – Rechnung zu tragen ist. Zukünftig wird es also vermehrt darum gehen, auch die angestrebten und erreichten Wirkungen in den Blick zu nehmen und die Haushaltssteuerung darauf auszurichten.

Seit 2022 verfügt Hamburg über eine Stadtwirtschaftsstrategie, in der insbesondere Leistungserbringung sowie Führung und Steuerung der städtischen Unternehmen auf mehr Gemeinsamkeit und die Nachhaltigkeit ausgerichtet werden. Das Zielsystem der Stadtwirtschaftsstrategie besteht aus den Ziel-Clustern Wirksamkeit und Leistungsfähigkeit, Ökonomie, Klima und Umwelt sowie soziale Verantwortung.

Zur Fortsetzung der Haushaltsmodernisierung wurde in Hamburg 2019 das Projekt „Weiterentwicklung der Digitalen Verwaltung und des Digitalen Haushalts – ERP 4.0" eingerichtet. Enterprise-Resource-Planning (ERP) bezeichnet die Planung und Steuerung von Ressourcen, Produkten und Prozessen im Hinblick auf den Zweck einer Organisation. Die ERP-Systemlandschaft soll für die Aufstellung des Haushaltsplans, seine Bewirtschaftung und die Abrechnung bis 2025 fachlich und technisch von Grund auf weiterentwickelt und noch besser an die Bedürfnisse einer modernen digitalen Verwaltung angepasst werden. Der operative Betrieb wird wirtschaftlicher gestaltet und die Informationsgewinnung und -aufbereitung verbessert. Zu den Zielen des Projekts gehören u. a. die

Erweiterung der Möglichkeiten für eine ergebnisbezogene Steuerung und Kontrolle sowie die interaktive Auswertung von Haushaltsinformationen zu Steuerungszwecken.

Im Jahre 2023 wird damit begonnen, ein digitales Managementinformationssystem für die Haushaltswirtschaft einzurichten, das eine schnelle und hochwertige Quelle für entscheidungsrelevante Informationen zur Ressourcensteuerung bieten soll. Zudem soll die Einführung einer neuen Beteiligungsmanagementsoftware im Jahr 2023 ein effizienteres Datenmanagement und verbesserte Analysemöglichkeiten gewährleisten.

4. Konzern Freie und Hansestadt Hamburg

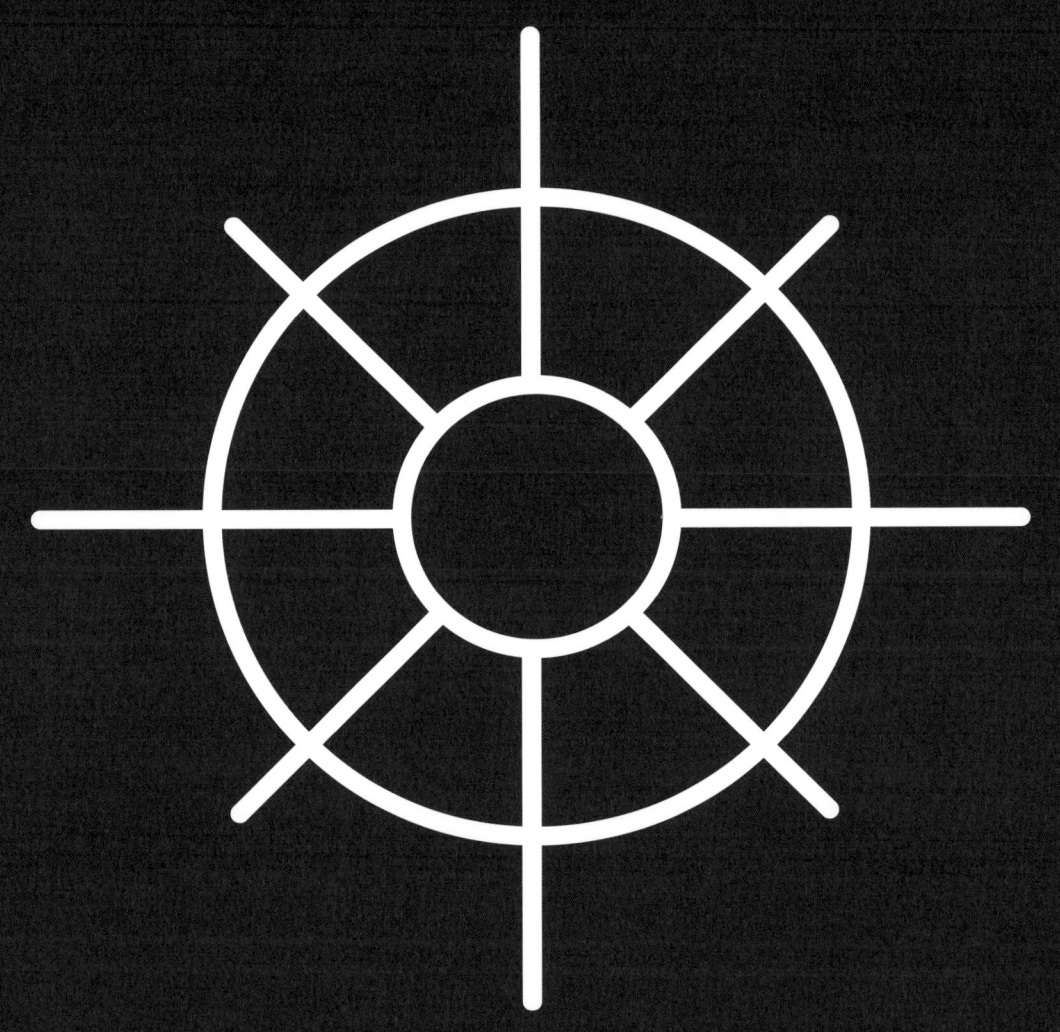

4. Konzern Freie und Hansestadt Hamburg

In der Freien und Hansestadt Hamburg sind staatliche und gemeindliche Aufgaben nicht getrennt. Die Bürgerschaft ist die parlamentarische Vertretung der Hamburgerinnen und Hamburger. Die Gerichtsbarkeit wird durch unabhängige, ausschließlich dem Gesetz unterworfene Gerichte ausgeübt. Der Rechnungshof überwacht als unabhängige, nur dem Gesetz verpflichtete Instanz die Haushalts- und Wirtschaftsführung des Senats.

Senat und Verwaltung

Der Erste Bürgermeister bestimmt die Richtlinien der Politik und bildet mit den Senatorinnen und Senatoren den Senat, der die Hamburger Verwaltung führt und beaufsichtigt. Die Senatorinnen und Senatoren leiten die ihnen zugeordneten Behörden, deren laufende Geschäfte sie in eigener Verantwortung gemeinsam mit ihren Staatsrätinnen und Staatsräten führen. Die Hamburger Verwaltung vollzieht sowohl die eigenen Gesetze als auch die des Bundes. Dabei ist sie dem Wohl der Allgemeinheit sowie auch den Grundsätzen der Bürgernähe und Transparenz verpflichtet.

Öffentliche Aufgaben werden in Hamburg sowohl von den Behörden und Ämtern mit ihren Landesbetrieben, Sondervermögen und Hochschulen als auch von städtischen Unternehmen erbracht. Der Konzern Freie und Hansestadt Hamburg vereint alle Organisationen mit unterschiedlicher strategischer Ausrichtung und unterschiedlicher Rechtsform.

Konzern Freie und Hansestadt Hamburg

Haushaltswesen

Das Haushaltswesen der Freien und Hansestadt Hamburg ist als doppischer Produkthaushalt ausgestaltet. Der Haushaltsplan ist nach Leistungen in Form von Produkten, Produktgruppen, Aufgabenbereichen und Einzelplänen gegliedert und das Rechnungswesen wird nach den Grundsätzen der staatlichen Doppik geführt. Die staatliche Doppik folgt den entsprechenden Vorschriften des Handelsgesetzbuchs und den Grundsätzen ordnungsmäßiger Buchführung. Jede Behörde und jedes Bezirksamt verfügt über einen eigenen Einzelplan. Die Einzelpläne sind in Aufgabenbereiche untergliedert, die in den Fachbehörden meist den Ämtern, in den Bezirksämtern den Dezernaten entsprechen. Für jeden Aufgabenbereich besteht ein Ergebnis- und ein Finanzplan. Die Aufgabenbereiche unterteilen sich wiederum in Produktgruppen, die den behördlichen Strukturen angelehnt sind. Der nach Produkten gegliederte Haushaltsplan mit leistungsbezogenen Messgrößen macht das Leistungsergebnis hinsichtlich seiner betriebswirtschaftlichen und auch gesellschaftspolitischen Wirkungen bewertbar.

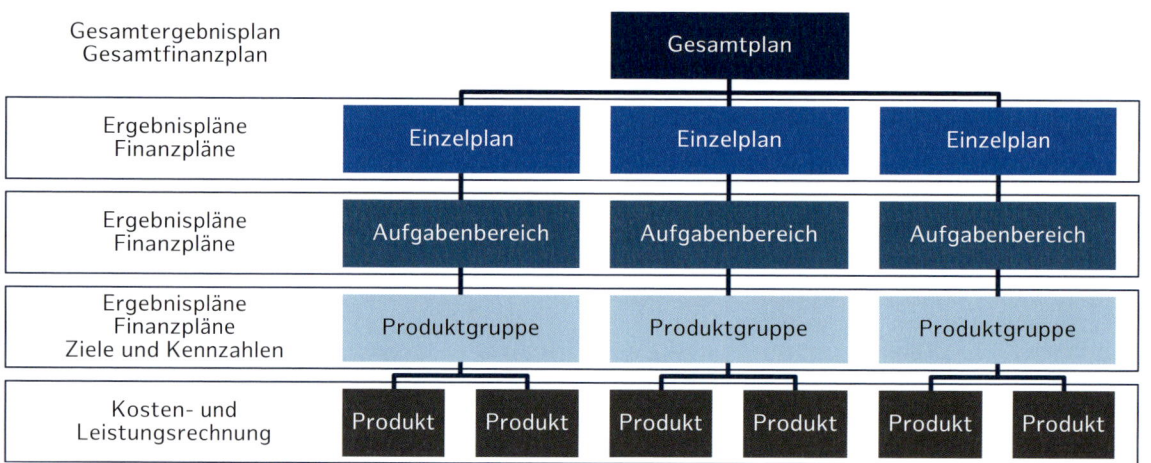

Hamburger Haushaltsstruktur

Ausgegliederte Einheiten

Landesbetriebe, Sondervermögen und Hochschulen sind rechtlich unselbständige Teile der Verwaltung der Freien und Hansestadt Hamburg mit eigener Wirtschaftsführung und eigenem Rechnungswesen. Für Landesbetriebe, Sondervermögen und Hochschulen gelten grundsätzlich die Vorschriften des Dritten Buchs des Handelsgesetzbuchs für große Kapitalgesellschaften sowie des Einführungsgesetzes zum Handelsgesetzbuch.

Öffentliche Unternehmen

Die Verwaltung bildet mit den ihr verbundenen Organisationen und Beteiligungen den Konzern Freie und Hansestadt Hamburg. Bei den Beteiligungen an privatrechtlichen Unternehmen liegt, hinsichtlich der von ihnen jeweils angestrebten Zwecke, ein wichtiges staatliches Interesse vor.

Ein großer Teil der öffentlichen Unternehmen und Beteiligungen der Stadt ist in der Konzernholding HGV Hamburger Gesellschaft für Vermögensmanagement mbH (HGV) gebündelt. Außerdem ist die HGV Eigentümerin der meisten von Polizei und Feuerwehr genutzten Immobilien. Die HGV vereint in der Holding die Segmente Öffentlicher Personennahverkehr (ÖPNV), Verkehr und Logistik, Ver- und Entsorgung, Immobilien und Stadtentwicklung sowie sonstige Beteiligungen. Die Steuerung der öffentlichen Unternehmen hat für Hamburg eine große Bedeutung. Damit die Verwaltung und die öffentlichen Unternehmen gemeinsame Ziele verfolgen können, werden effiziente Steuerungsinstrumente eingesetzt – vom Verantwortungsmodell über die Steuerung durch die Aufsichtsräte bis zu Stadtwirtschaftsstrategie, Zielbildern, Digitalisierung und einheitlichen Standards.

5. Elemente des Hamburger Steuerungsmodells

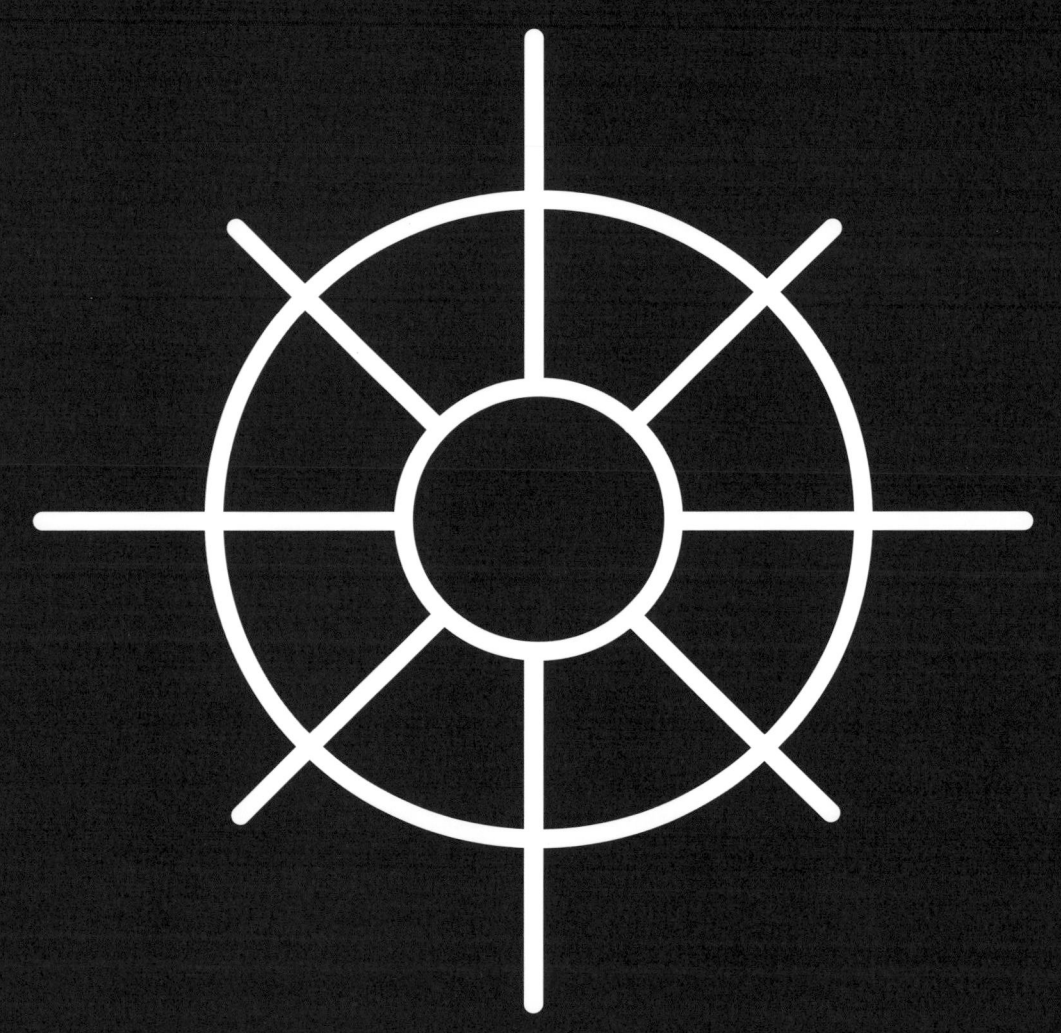

5. Elemente des Hamburger Steuerungsmodells

Um den Konzern Freie und Hansestadt Hamburg wirksam steuern und die dezentrale Fach- und Ressourcenverantwortung realisieren zu können, besteht das Hamburger Steuerungsmodell aus fünf Elementen:

– **Strategische Steuerung – Ziele formulieren**

Das Handeln der Verwaltung sollte sich aus einer strategischen Leitlinie für die gesamte Stadt kaskadenförmig ableiten lassen. Die Strategische Steuerung erfolgt auf Basis der staatlichen Doppik, die mit einer Ziel- und Leistungsorientierung verbunden ist. Aus der städtischen Gesamtstrategie, die in der Regel mit dem Regierungsprogramm formuliert wird, werden für die verschiedenen Ebenen zunehmend konkretisierte Ziele entwickelt, die im Haushaltsplan hinterlegt werden. Im Rahmen eines durchgängigen Zielsystems soll die Verwaltung über alle Ebenen wirkungsorientiert gesteuert werden.

– **Zielbezogene Budgetierung – Ziele mit dem Budget verknüpfen**

Die Budgetierung verbindet politische Vorgaben mit den strategischen Zielen der operativen Planung und Steuerung. Aus politischen Programmen und gesetzlichen Vorgaben werden strategische Ziele formuliert und Art und Umfang der zu erbringenden Leistungen (Leistungszwecke) abgeleitet. Im Haushaltsplan werden die Leistungszwecke mit ihren Produkten, Zielen, Kennzahlen und Kennzahlenwerten verbindlich festgelegt. Dabei werden nicht nur die Ergebnisse, sondern auch die Wirkungen in den Blick genommen.

– **Leistungsbezogener Produkthaushalt – Haushaltsplan vollziehen**

Der leistungsbezogene Produkthaushalt beinhaltet die für die Zukunft der Stadt notwendigen Ziele und Ressourcen. Der Haushaltsplan dient der Feststellung und Deckung des Finanzbedarfs sowie der Aufwendungen, die zur Erfüllung der Aufgaben voraussichtlich notwendig sein

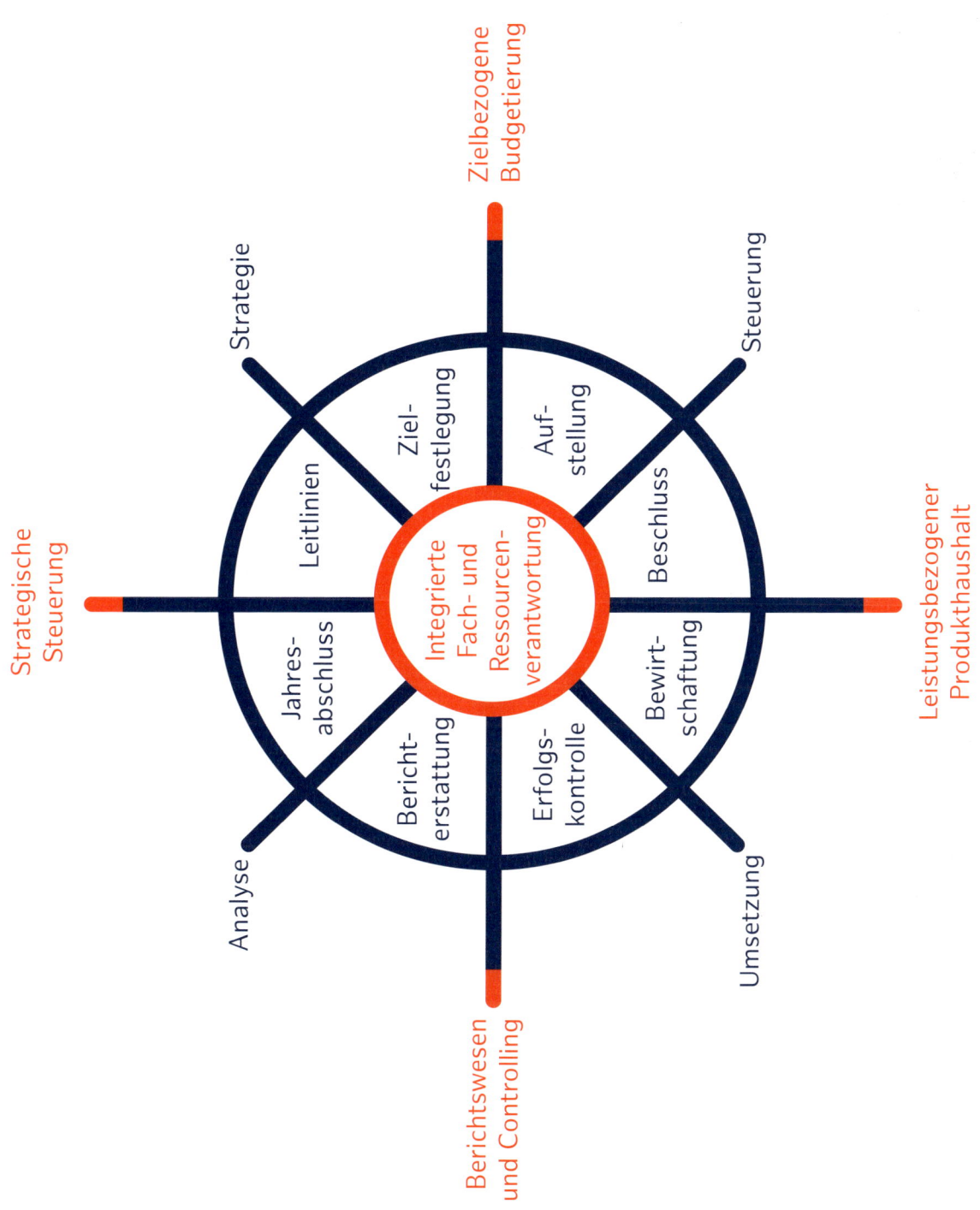

Hamburger Steuerungsrad

werden. Zur Erreichung der Leistungszwecke werden mit dem Haushaltsplan die finanziellen Ressourcen bereitgestellt. Der Haushaltsplan ist Grundlage für die Haushalts- und Wirtschaftsführung der Stadt.

– **Integrierte Fach- und Ressourcenverantwortung – eigenverantwortlich Handeln**

Die Integrierte Fach- und Ressourcenverantwortung ermöglicht den Behörden und Ämtern insbesondere eine eigenverantwortliche Bewirtschaftung der ihnen zugeordneten Aufgabenbereiche und Produktgruppen. Deckungsfähigkeiten und Übertragbarkeiten geben den Behörden und Ämter einen weiten Managementspielraum. Auch liegt die Steuerung der städtischen Unternehmen in der jeweils zuständigen Fachbehörde.

– **Berichtswesen und Controlling – kontrollieren, messen und beurteilen**

Der Grad der Zielerreichung wird im Rahmen eines ergebnisorientierten Controllings anhand der Kennzahlen des Haushaltsplans überprüft. Nach Ablauf eines jeden Quartals wird die Bürgerschaft über den Stand des Haushaltsvollzugs unterrichtet. Auf der Grundlage der abgeschlossenen Bücher wird für jedes Jahr im Rahmen des Jahresabschlusses der Einzel- und der Konzernabschluss der Stadt aufgestellt.

Beteiligungsmanagement

Das Beteiligungsmanagement der Stadt ist nach dem so genannten Verantwortungsmodell organisiert, in dem die fachliche und wirtschaftliche Steuerung der städtischen Unternehmen bei der jeweils zuständigen Fachbehörde liegt. Wirtschaftlich bedeutende Unternehmen werden gemeinsam durch die Fachbehörde und die Finanzbehörde gesteuert (erweitertes Verantwortungsmodell). In den Einzelplänen der Behörden und Ämter werden Erträge aus Gewinnabführungen und Kosten für Transferleistungen (Zuschüsse) veranschlagt. Abschreibungen auf die Finanzanlagen belasten den jeweiligen Einzelplan.

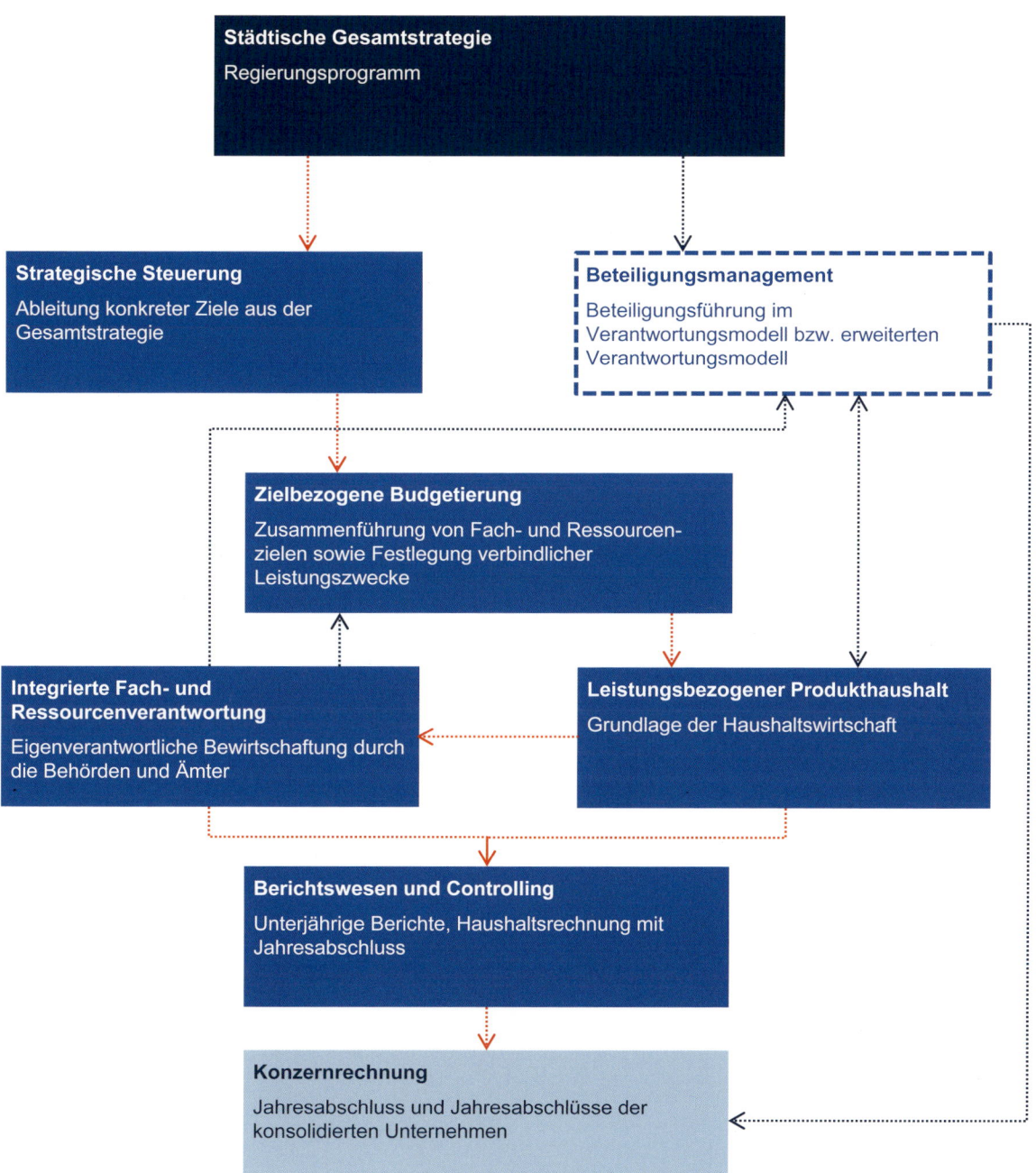

Hamburger Steuerungsmodell

6. Strategische Steuerung

6. Strategische Steuerung

Die strategische Steuerung durch Zielvorgaben und die weitgehende Dezentralisierung von Entscheidungskompetenzen und Verantwortlichkeiten sind wesentliche Bestandteile eines wirkungsorientierten Steuerungssystems. Der leistungsorientierte Produkthaushaltsplan ist als Primärkontrakt zwischen der Bürgerschaft und dem Senat bzw. der von ihm geführten Verwaltung anzusehen. Der Haushaltsplan bildet das Arbeitsprogramm der Verwaltung, an dem sich der Haushaltsvollzug zu orientieren hat. Im Rahmen des Berichtswesens wird die Zielerreichung bewertet.

Doppisches Haushaltswesen

Grundlage für die strategische Steuerung ist in Hamburg das doppische Haushaltswesen. Im Hamburger Haushaltswesens wird die Ziel- und Leistungsorientierung mit dem doppischen Rechnungswesen verbunden, um auf diese Weise zu einer generationengerechten Haushaltsführung zu gelangen. Die Doppik bildet die Kosten der jeweiligen Periode ab. Lasten können nicht in die Zukunft verschoben werden, weil Rückstellungen gebildet werden müssen. Nutzungen werden nicht dem Jahr zugerechnet, in dem investiert wird, sondern im Wege von Abschreibungen über die Nutzungsdauer verteilt. Die Haushaltsführung, insbesondere die Aufstellung und Ausführung des Haushaltsplans, die Buchführung, das Berichtswesen und die Rechnungslegung sowie die Überwachung, ist in Hamburg gesetzlich durch die Landeshaushaltsordnung festgelegt.

Haushaltsausgleich

Die Haushalte stehen unter den Vorgaben der Schuldenbremse, die für die Länder seit 2020 gilt und auch in der hamburgischen Verfassung verankert ist. Die Länder haben ihre Haushalte im Grundsatz ohne Nettokreditaufnahme auszugleichen.

Im Haushaltsplan der Freien und Hansestadt Hamburg muss der Gesamt-ergebnisplan in Erträgen und Aufwendungen mindestens ausgeglichen sein. Ein Defizit im Gesamtergebnisplan ist nur zulässig, wenn die Steuer-erträge hinter dem langjährigen Steuertrend zurückbleiben, eine außer-ordentliche Notsituation vorliegt oder das Defizit aus der allgemeinen Rücklage ausgeglichen werden kann. Auch der Gesamtfinanzplan ist in Einzahlungen und Auszahlungen auszugleichen.

Für die Planung des Aufwands im Haushaltsplan ist nicht das Ergebnis der aktuellen Steuerschätzung, sondern die langfristige Entwicklung der Steuererträge von maßgeblicher Bedeutung. Übersteigen die Steuer-erträge den Steuertrendwert, sind diese der sogenannten Konjunktur-position zuzuführen. In konjunkturell schlechten Zeiten, wenn die Steuer-erträge unterhalb des Steuertrendwerts liegen, können entsprechende Beträge der Konjunkturposition wieder entnommen werden.

Im Falle einer außergewöhnlichen Notsituation, die sich der Kontrolle der Freien und Hansestadt Hamburg entzieht und ihre Finanzlage erheblich beeinträchtigt, muss die Stadt handlungsfähig bleiben, ohne dabei das grundsätzliche Ziel des Haushaltsausgleiches aus dem Blick zu verlieren. Daher dürfen in einer solchen Notsituation, die durch eine Zweidrittel-mehrheit der Hamburgischen Bürgerschaft festgestellt werden muss, die Aufwendungen die Erträge im Gesamtergebnisplan übersteigen.

Wurde in abgeschlossenen Haushaltsjahren durch Überschüsse in der Ergebnisrechnung eine allgemeine Rücklage gebildet, darf zudem ein Fehlbetrag im Gesamtergebnisplan geplant werden, der wiederum durch eine Entnahme aus der allgemeinen Rücklage gedeckt wird. Das in den Vorjahren aufgebaute Eigenkapital wird somit im Planjahr wieder gemin-dert.

Konjunkturbereinigungsverfahren

Die Steuererträge stellen nicht nur die mit Abstand bedeutsamste Ertragsposition Hamburgs dar, sondern folgen auch in einem sehr viel höheren Maße der wirtschaftlichen Entwicklung als die meisten anderen Ertrags- und Aufwandspositionen. Der für ein Haushaltsjahr zugrunde zu legende maßgebliche Trendwert der Steuererträge wird mittels der mathematischen Methode der kleinsten Quadrate auf der Grundlage der tatsächlichen Steuererträge vergangener Jahre unter Bereinigung um Effekte von Steuerrechtsänderungen berechnet. Dabei wird auf die aktuell verfügbaren Ist-Steuerertragsdaten von 14 Jahren zurückgegriffen (gleitender Stützzeitraum).

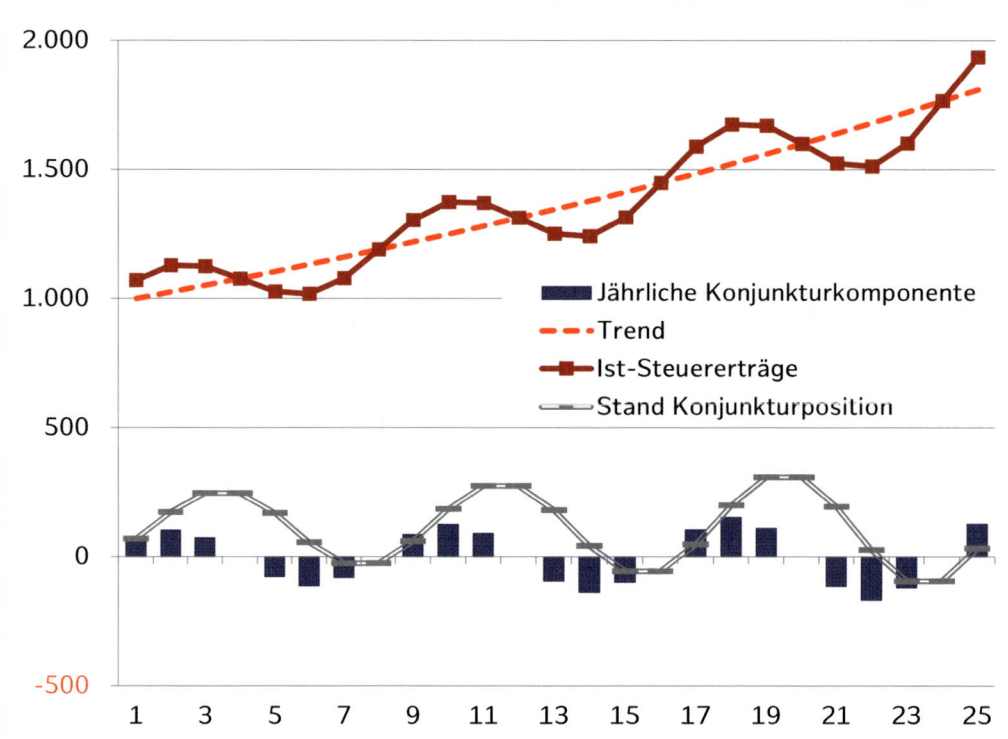

Hamburger Steuertrendmodell

Übersteigen die Steuererträge eines Jahres den im Haushaltsplan zugrunde gelegten Wert des langjährigen Trends der Steuererträge, der sich für das Haushaltsjahr ergibt, sind sie der bilanziellen Konjunkturposition zuzuführen. Liegen die Steuererträge unterhalb dieses Trendwerts, darf aus der Konjunkturposition entnommen werden bzw., soweit eine solche nicht vorhanden oder auskömmlich ist, darf in Höhe des Fehlbetrags eine konjunkturell bedingte bilanzielle Vorbelastung (also eine „negative Konjunkturposition") gebildet werden.

Mit Blick auf die Finanzierungsseite kann der Finanzplan – soweit die Steuererträge unterhalb des Trendwerts liegen – durch eine konjunkturelle Kreditaufnahme ausgeglichen werden. Das Volumen der möglichen konjunkturellen Kreditaufnahme bemisst sich gleichfalls am Abstand des Werts der langjährigen Steuererträge zu den Steuererträgen eines Jahres. Neben der konjunkturellen Kreditaufnahme können auch die Kreditaufnahme für sogenannte finanzielle Transaktionen und die notsituationsbedingte Kreditaufnahme sowie eine Veränderung des Bestandes der liquiden Mittel und Kassenkredite zum Haushaltsausgleich beitragen.

Wirkungsorientierte Verwaltungssteuerung

Für die ergebnisbasierte Zielorientierung liefert das doppische Haushaltswesen wesentliche Daten und Fakten. Es enthält alle notwendigen wertmäßigen Informationen und Instrumente für die Planung und Ausführung von Leistungen und die Erzielung von gesellschaftlichen Wirkungen. Im Hamburger Haushaltswesen werden somit die Leistungs- und die Ressourcenperspektive miteinander verknüpft.

Dem Hamburger Steuerungsmodell liegt das Modell der wirkungsorientierten Verwaltungssteuerung zu Grunde. Die hamburgische Form der Wirkungsorientierung ist die Ausrichtung des Haushaltsplans auf die Leistungszwecke, d. h. auf Art und Umfang der zu erbringenden Leistungen.

Auf der Grundlage von politischen Zielen (Programme) werden den Behörden und Ämtern (Strukturen) von der Bürgerschaft Ressourcen (Input) bereitgestellt. Grundlage der Ermächtigungen, Kosten zu verursachen und Verpflichtungen einzugehen, bilden die Leistungszwecke, die in Form von Produkten, Zielen, Kennzahlen und Kennzahlenwerten in den Produktgruppen dargestellt werden. Im Haushaltsvollzug ergreift die Verwaltung Maßnahmen, um die Ziele umzusetzen (Throughput) und erstellt Leistungen für die Bürgerinnen und Bürger (Output). Der Output bezeichnet die unmittelbaren Ergebnisse des Verwaltungshandelns. Die Leistungen und ihre Effekte (Outcome) werden im Rahmen des Berichtswesens bezüglich ihrer Ergebnisse und Wirkungen geprüft und im Hinblick auf die Erreichung der festgelegten Leistungszwecke bewertet. Der Impact beschreibt die gesellschaftlichen Veränderungen. Diese gesellschaftlichen Wirkungen sind Gegenstand von Fachberichten der Behörden und Ämter.

Städtische Strategie

Die Strategie einer Stadt sollte dadurch gekennzeichnet sein, dass zukünftige Entwicklungen systematisch berücksichtigt werden, übergeordnete Ziele mit Maßnahmen verbunden werden, das strategische Potenzial in den Handlungsfeldern ermittelt wird, die kurz-, mittel- und langfristig angestrebten Wirkungen benannt und operationalisiert werden.

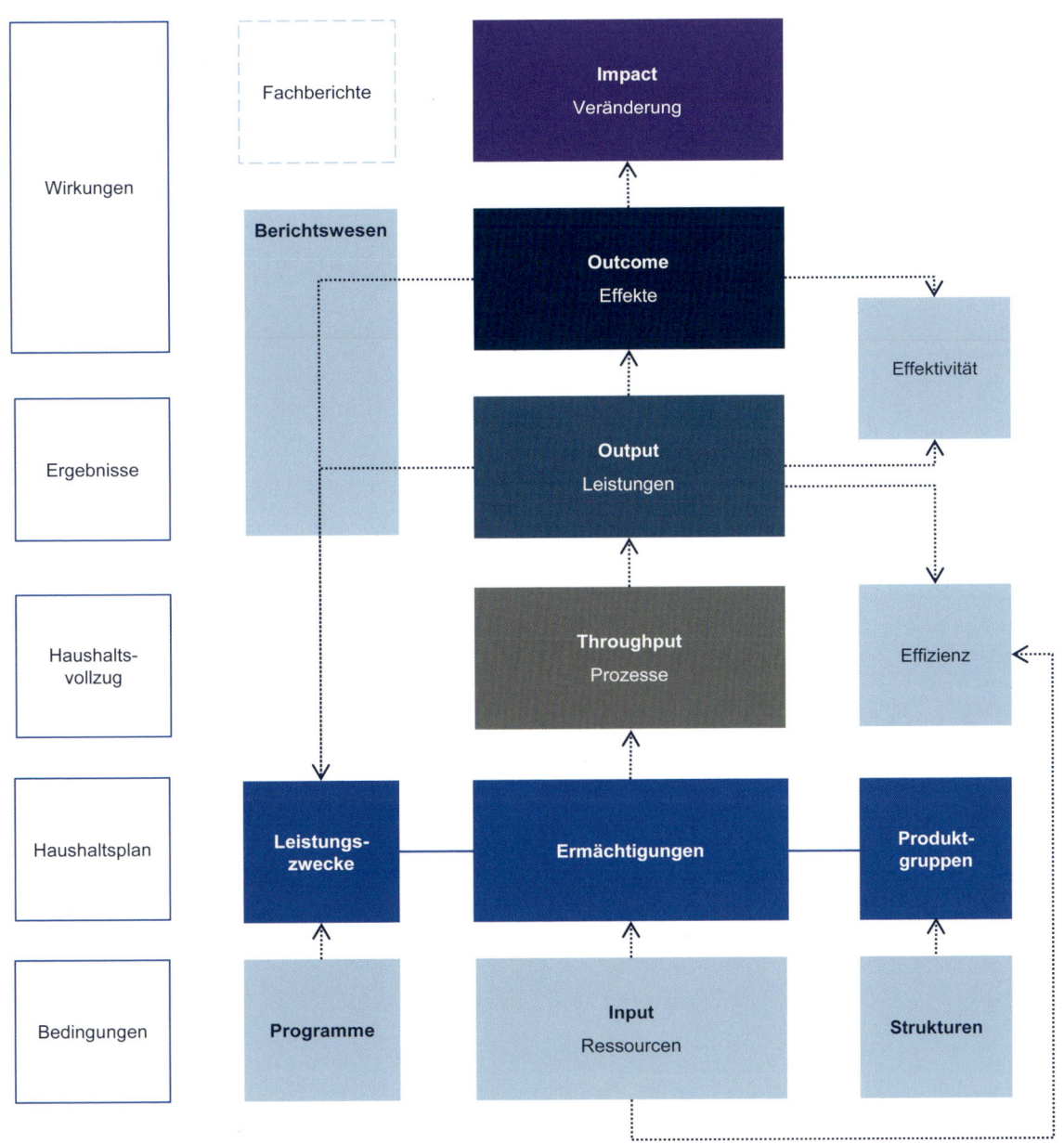

Hamburger Steuerungsstruktur

In der Hamburger Verfassung sind zentrale Grundsätze festgehalten, die für jede Regierung den Ausgangspunkt für die Zielentwicklung bilden. So sieht die Präambel unter anderem vor, dass die natürlichen Lebensgrundlagen unter dem besonderen Schutz des Staates stehen und die Allgemeinheit in Fällen der Not den wirtschaftlich Schwachen hilft, indem sie durch Förderung und Lenkung ihrer Wirtschaft möglichst alle zur Deckung des wirtschaftlichen Bedarfs befähigt. Das Regierungsprogramm legt die strategische Ausrichtung fest, um diesen Grundsätzen gerecht werden zu können. Es entspricht häufig einer Koalitionsvereinbarung, die auch die strategischen Ziele und die wesentlichen Grundsätze der Regierungsarbeit enthält. Aus dem Regierungsprogramm werden die gesamtstädtischen Ziele und zentralen Kennzahlen abgeleitet.

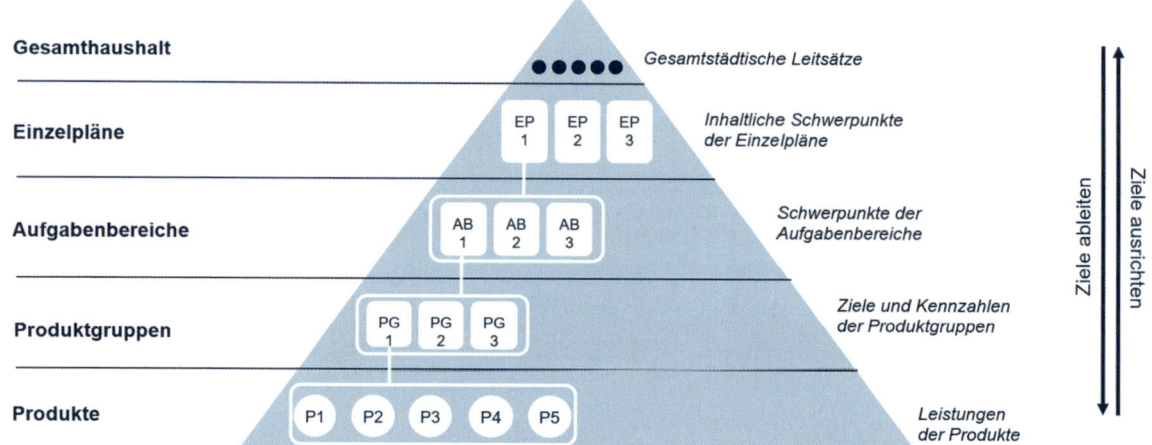

Hamburger Zielpyramide

Die gesamtstädtischen Ziele beschreiben die gewünschten gesellschaftlichen Auswirkungen. Auf der Ebene der Behörden bilden die in den Einzelplänen dargestellten Fachprogramme die strategische Steuerungsebene. Die operative Steuerungsebene ist die Amtsebene mit den ihr zugeordneten Produktgruppen. Die Amtsebene entspricht in der Regel den Aufgabenbereichen. Hier werden aufgabenspezifische Leistungs- und ggf. Wirkungsziele formuliert. Das Tagesgeschäft findet schließlich in den jeweiligen organisatorischen Untergliederungen auf der Produkt- und Leistungsebene statt. Hier werden Einzelprozesse, aber auch Projekte gesteuert und auf die Gesamtziele ausgerichtet. Insgesamt nimmt dabei von oben nach unten die Breite der formulierten Ziele und Entscheidungen, also der Umfang und die Anzahl der betroffenen Aufgaben, ab. Tiefe und Grad der Detaillierung und Konkretisierung nehmen zu.

Gesamtsteuerung

Voraussetzung für eine zielorientierte Haushaltssteuerung ist es, dass alle Bereiche der Stadt – also alle administrativen Einrichtungen sowie öffentliche Unternehmen und die Beteiligungen – der Gesamtsteuerung durch Senat und Bürgerschaft unterliegen.

Für die Landesbetriebe werden strategische Ziele in einem Zielbild bestimmt, das spätestens bei Aufstellung des Wirtschaftsplan-Entwurfs auf Veränderungsnotwendigkeiten zu überprüfen ist. Die Veränderungen sollen zwischen aufsichtführender Behörde und Landesbetrieb vereinbart werden. Aus dem Zielbild sind die Aufgaben des Landesbetriebs abzuleiten und festzulegen. Sie sollen vom Landesbetrieb in einem Unternehmenskonzept konkretisiert werden, das mittelfristige Perspektiven aufzeigt und operative Ziele enthält. Mit den Hochschulen schließt der Senat in der Regel Vereinbarungen, in denen insbesondere die Leistungsverpflichtungen der Hochschulen und die Elemente der Budgetsteuerung geregelt werden.

Die Stadtwirtschaftsstrategie ist das Zielsystem, in dessen Rahmen die städtischen Unternehmen im Sinne des Wohls der Allgemeinheit agieren sollen. Das Zielsystem besteht aus den Ziel-Clustern „Wirksamkeit und Leistungsfähigkeit", „Ökonomie", „Klima und Umwelt" sowie „soziale Verantwortung". Die Cluster werden durch Steuerungsbereiche konkretisiert, für die allgemeingültige Oberziele formuliert werden. Die Stadtwirtschaftsstrategie findet ihre Berücksichtigung in den Zielbildern der öffentlichen Unternehmen, mit denen die Stadt jeweils ihr staatliches Interesse an den Beteiligungen konkretisiert und die ihrerseits unternehmensseitig durch Unternehmenskonzepte konkretisiert und in den Wirtschafts- und Mittelfristplanungen umgesetzt werden. Die von den städtischen Unternehmen jeweils zu erfüllenden Zwecke sind zentraler Auftrag für die Geschäftsleitung und Kontrollmaßstab für die Aufsichtsgremien.

Führungsleitbild

Entscheidend für die Steuerung der Verwaltung ist die Führungskultur. Das Führungsleitbild der Freien und Hansestadt Hamburg umfasst die folgenden fünf Führungsperspektiven, verbunden mit dazu abgestimmten Werten:

1. Führungskraft als reflektiertes Vorbild
   – Werte: Selbstreflexion & Integrität

2. Führungskraft als Coach & Talentmanagerinnen/-manager
   – Werte: Empathie & Vertrauen

3. Führungskraft als Vernetzerin/Vernetzer
   – Werte: Weitblick & Ganzheitlichkeit

4. Führungskraft als Change Managerin/Manager & Innovatorin/Innovator
   – Werte: Mut & Veränderungsbereitschaft

5. Führungskraft als Strategin/Stratege & Umsetzerin/Umsetzer
   – Werte: Ergebnis- & Zielorientierung

Das Führungsleitbild ist in seiner Intention an den Prinzipien der neuen Steuerung ausgerichtet. Es bietet für die Hamburger Führungskräfte eine einheitliche Ausrichtung. Gleichzeitig bietet es aber einen flexiblen Handlungsrahmen und setzt auf Eigenverantwortung und Selbständigkeit. Insbesondere die Perspektive der „Führungskraft als Strategin/Stratege & Umsetzerin/Umsetzer" stellt mit den Werten „Ergebnis- & Zielorientierung" einen direkten Bezug zum Hamburger Steuerungsmodell her.

7. Zielbezogene Budgetierung

7. Zielbezogene Budgetierung

Die Gesamtheit aller Prozesse im doppischen Haushaltswesen, Aktivitäten und Regelungen im Zusammenhang mit der Aufstellung, Ermächtigung und Bewirtschaftung einschließlich der unterjährigen Überwachung und dem Abschluss des Haushalts wird allgemein als Budgetierung verstanden. Dabei werden im Haushaltsplan Leistungszwecke festgelegt, Ermächtigungen dezentral veranschlagt und Regelungen zu Zweckbindung, Übertragbarkeit und Deckungsfähigkeit getroffen. Außerdem wird den Organisationseinheiten, die die Fach- und Sachverantwortung haben, auch die Finanzverantwortung übertragen.

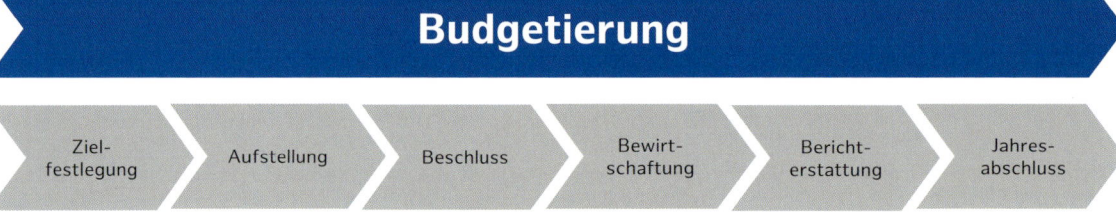

Budgetierungsprozess

Der Hamburger Haushaltsplan wird an Zielen und Wirkungen ausgerichtet. Aus politischen Programmen und gesetzlichen Vorgaben werden strategische Ziele formuliert, aus denen wiederum Leistungszwecke und Produkte abgeleitet werden. Mit der Definition von Leistungszwecken wird die Input-Sicht durch eine Output-Orientierung ergänzt. Es sollen die Ergebnisse des Verwaltungshandelns mit den hierfür bereitgestellten Ressourcen verknüpft und damit die Wirkungen staatlichen Handelns im Haushaltsplan abgebildet werden.

Leistungszweck

Die Behörden und Ämter stellen ihre inhaltlichen Schwerpunkte in den Basisinformationen ihres Einzelplans und den zugehörigen Aufgabenbereichen dar. Maßgeblich ist die Ebene der Produktgruppe. Für jede Produktgruppe sind Art und Umfang der zu erbringenden Leistungen

(Leistungszweck) verbindlich festzulegen. Die Darstellung des Leistungszwecks erfolgt in Form der zugeordneten Produkte, der Ziele, Kennzahlen und Kennzahlenwerte. Um die Zusammenhänge zwischen geplantem
Ressourceneinsatz und den damit finanzierten staatlichen Leistungen
zu verdeutlichen, werden zu den Produktgruppen jeweils fachpolitische
Ziele formuliert und Kennzahlen ausgewiesen, die dazu dienen, die angestrebten Ergebnisse staatlichen Handelns zu beschreiben und den Ressourceneinsatz zu begründen. Zur Erreichung der Leistungszwecke bzw.
Erstellung der Produkte werden finanzielle Ressourcen bereitgestellt.

Im Gegenstromverfahren werden die Produkte zu Produktgruppen und
Aufgabenbereichen aggregiert. Die Aufgabenbereiche werden wiederum
zum Einzelplan für die jeweilige Behörde oder das jeweilige Amt zusammengefasst. Auf diese Weise wird das Regierungsprogramm des Senats
operationalisiert. Die Budgetierung ist damit direkt mit den politischen
Vorgaben und den strategischen Zielen sowie der operativen Planung und
Steuerung verbunden.

Der Leistungszweck bildet die Grundlage für die Ermächtigungen, Kosten
zu verursachen und Verpflichtungen einzugehen. Mit der Beschreibung
des Leistungszwecks wird für die Bürgerschaft erkennbar, welche Ziele der
Senat mit den Ermächtigungen anstrebt, wie diese Ziele messbar sind und
die Zielerreichung kontrolliert werden kann. Zugleich wird ausgewiesen,
welche Kosten und Erlöse mit dem Verwaltungshandeln verbunden sind.

Wirkungsorientierung

Die Landeshaushaltsordnung verlangt, dass bei der Aufstellung und Ausführung des Haushaltsplans den Grundsätzen der Wirkungsorientierung
insbesondere unter Berücksichtigung der Gleichstellung der Geschlechter
und des Prinzips der Nachhaltigkeit Rechnung zu tragen ist. Es soll nicht
nur darum gehen, die mit den veranschlagten Ressourcen angestrebten
Ergebnisse zu erreichen, sondern auch die intendierten Wirkungen dieser
Leistungen in den Blick zu nehmen. Wirkungsorientierung bedingt, dass
Maßnahmen oder Aktivitäten nach ihrer Wirkung beurteilt werden, so dass
im Mittelpunkt die hierdurch ausgelöste positive Veränderung bzw. Verbesserung einer Situation steht. Gemessen wird die Wirkung an den Zielen,
die vom Senat vorgegeben und von der Bürgerschaft beschlossen wurden.

Nachhaltigkeit

Die UN-Generalversammlung hat im September 2015 die Agenda 2030 für nachhaltige Entwicklung verabschiedet, um eine grundlegende Verbesserung der Lebensverhältnisse aller Menschen heute und für künftige Generationen sowie den Schutz des Planeten Erde zu bewirken. Mit der Agenda 2030 haben die Mitgliedstaaten der Vereinten Nationen einen Fahrplan zur „Transformation der Welt zum Besseren" im Sinne einer nachhaltigen Umgestaltung von Gesellschaft, Wirtschaft und Umwelt bis zum Jahr 2030 entwickelt. Bestandteil der Agenda 2030 sind 17 globale Ziele, die Sustainable Development Goals (SDG), unterteilt in 169 Unterziele und über 240 Indikatoren. Im Jahr 2017 hat der Senat die Umsetzung der Nachhaltigkeitsziele der Vereinten Nationen beschlossen.

Nach dem Regierungsprogramm des Senats soll Hamburg als Zukunftsstadt eine nachhaltige Metropole sein. Um den Haushaltsplan wirkungsorientiert zu steuern, wurden mit dem Finanzbericht 2023/2024 aus der Präambel des Regierungsprogramms für die 22. Legislaturperiode nachstehende Leitsätze abgeleitet und den einzelnen Nachhaltigkeitszielen (SDG) zugeordnet:

SDG 4, 5, 6, 7, 8, 9, 10, 11, 13, 15	Hamburg soll aktiv zum Schutz des Klimas beitragen, den erforderlichen Beitrag für die Sicherung der Lebensgrundlagen leisten und diesen mit wirtschaftlichem und technologischem Fortschritt verbinden.
SDG 4, 8, 9	Hamburg soll die Chancen der Digitalisierung nutzen und sich als Standort für gute Bildung und Spitzentechnologie aus Zukunftsbranchen etablieren. Der Austausch zwischen Wirtschaft und Wissenschaft soll gestärkt werden.
SDG 1, 9, 10, 11, 15	Hamburg soll die Infrastruktur der Zukunft bauen und die Mobilitätswende gestalten. Es sollen neue lebendige Stadtteile entwickelt und Wohnungen gebaut werden, damit sich alle ein Leben in der Stadt leisten können.
SDG 1, 2, 3, 4, 5, 8, 10, 16	Hamburg soll selbstbestimmtes Leben, Bildungschancen, gute und fair bezahlte Arbeit, ein gutes Umfeld für Start-ups, die Förderung der gesellschaftlichen Teilhabe, eine lebendige und kreative Kulturlandschaft und ein vielfältiges und attraktives Angebot an Sport- und Freizeitaktivitäten ermöglichen.
SDG 4, 9, 10, 11, 12	In Hamburg sollen neue Ideen und Möglichkeiten für ein besseres Leben entwickelt werden. Deshalb wird das Bildungs- und Wissenschaftssystem weiter ausgebaut. Es sollen Kinder und Jugendliche bestmöglich dabei gefördert werden, ihre Potenziale zu entwickeln und zu leben.
SDG 11, 17	Die Rahmenbedingungen für kulturelles und soziales Engagement sollen in Hamburg verbessert werden. Künstlerische Interventionen sollen die Menschen in der Stadt inspirieren und irritieren können.
SDG 5, 11, 17	Hamburgs Internationalität soll ausgebaut und gestärkt werden. Fachkräfte aus aller Welt sollen hier ein gutes Zuhause finden können. Die Integration aller Hamburgerinnen und Hamburger in die Stadtgesellschaft soll gestärkt werden.

Die Leitsätze beschreiben die gesamtstädtisch gewünschten Veränderungen.

Mit ihrem veröffentlichten ersten Nachhaltigkeitsbericht in Form einer Voluntary Local Review hat die Freie und Hansestadt Hamburg den Stand der Umsetzung der 17 Nachhaltigkeitsziele der Vereinten

Nationen dargelegt. Anhand eines Kennzahlsets von 107 Indikatoren und zahlreichen praktischen Umsetzungsbeispielen stellt der Nachhaltigkeitsbericht die Fortschritte bei der Erreichung der SDG dar. Auf dieser Basis soll in den nächsten Jahren eine Nachhaltigkeitsstrategie mit konkreten Zielen für die Hansestadt entwickelt werden.

Hamburg kooperiert auf europäischer Ebene mit Amsterdam, Bordeaux, Barcelona, City of London und Trondheim im Rahmen der „European Cities for Sustainable Public Finances (CSPF)", um gemeinsam für solides Management, Transparenz und Nachhaltigkeit öffentlicher Finanzen einzutreten.

Wirkungsstufen

Die Stufen der wirkungsorientierten Steuerung beginnen im Hamburger Steuerungsmodell, in dem die Ressourcen bereitgestellt (Input) und die Leistungen erbracht werden (Throughput). Während das Erreichen von Zielgruppen und das Wahrnehmen von Angeboten durch Zielgruppen noch die Output-Ebene beschreibt, wird eine hierdurch herbeigeführte Bewusstseins- und/oder Fähigkeitsänderung als erste Stufe des Outcomes bzw. der Wirkung beschrieben. Weitere Stufen werden erreicht, wenn Bewusstsein und Fähigkeiten auch zu Verhaltensänderungen oder sogar zur Veränderung der Lebenslage bei den Zielgruppen führen. Auf der obersten Stufe beschreibt der Impact die erzielten gesellschaftlichen Veränderungen. Um eine gesellschaftliche Veränderung zu erzielen, müssen zunächst die unteren Stufen erreicht werden. Von „Wirkungen" wird dann auf den oberen Stufen des Outcomes und des Impacts gesprochen.

Wirkungsorientierung geht über die reine Ergebnisfeststellung hinaus. Während (zahlenmäßige) Ergebnisse (Output-Messung) in der Regel leichter ermittelt werden können, sind Wirkungen nicht immer direkt zu

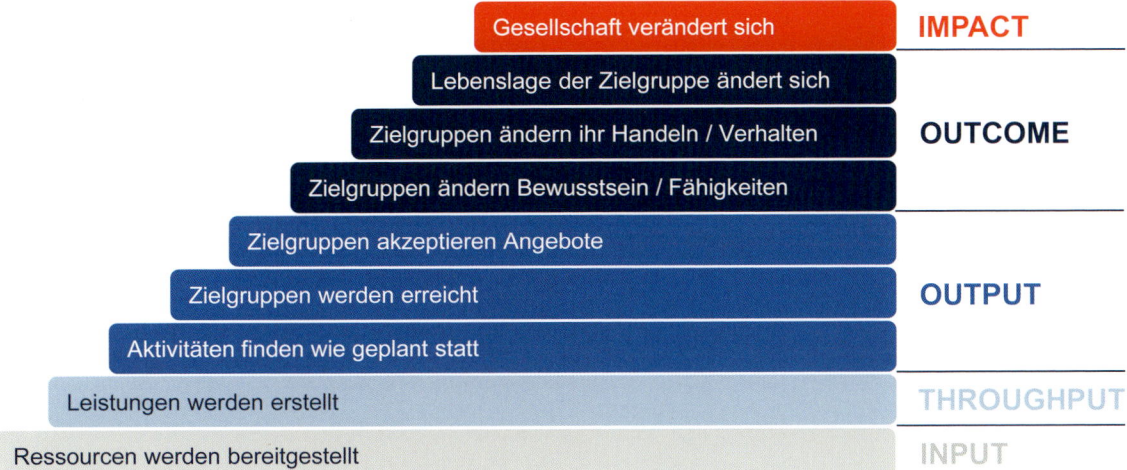

Hamburger Wirkungstreppe

messen. Sie sind häufig von unterschiedlichen Einflussfaktoren abhängig und bedürfen einer gründlichen Analyse. Außerdem können Wirkungen auch erst mit größerer Verzögerung eintreten.

Die Messung der erzielten Wirkungen (Outcome) erfolgt durch Kennzahlen. Über die Kennzahlen ist eine kritische Bewertung von Maßnahmen möglich. Sie ermöglichen das Controlling des Wirkungsbeitrages einer Maßnahme und liefern steuerungsrelevante Feedback-Informationen. Auf ihrer Basis können neue und passgenauere Maßnahmen gefunden bzw. bereits laufende Maßnahmen verbessert werden. Die Messung der gesellschaftlichen Wirksamkeit staatlicher Leistung (Impact) weist gegenüber der Betrachtung des Outcomes eine deutlich größere Komplexität auf.

Die Verantwortlichen im Senat und den Verwaltungen erhalten insbesondere über die Outcome-Messung im Rahmen des unterjährigen Berichtswesens Informationen darüber, welche Maßnahmen die gewünschte Wirkung entfalten.

Gleichstellungswirksame Haushaltssteuerung

Die Verteilung der öffentlichen Ressourcen stellt einen wesentlichen Baustein für das Erreichen tatsächlicher Gleichstellung der Geschlechter dar. Nach der Landeshaushaltsordnung ist bei der Aufstellung und Ausführung des Haushalts den Grundsätzen der Wirkungsorientierung insbesondere unter Berücksichtigung des Ziels der tatsächlichen Gleichstellung der Geschlechter Rechnung zu tragen.

Mit der Gleichstellungswirksamen Haushaltssteuerung verfolgt der Senat das Ziel, die Umsetzung des verfassungsrechtlichen Gleichstellungsauftrags im Haushaltsprozess und bei den haushaltsrelevanten Entscheidungen zu berücksichtigen. Gleichstellungswirksame Haushaltssteuerung soll nicht nur mehr Transparenz über den Einsatz von finanziellen Mitteln schaffen, sondern dazu beitragen, den Effekt der Ressourcen geschlechterdifferenziert zu bestimmen, damit Produkte und Maßnahmen zielgerichteter auf die Bedürfnisse der Geschlechter zugeschnitten und bestehende Nachteile abgebaut werden können. Ziel gleichstellungsorientierter Haushaltssteuerung ist ein geschlechtergerechter Haushalt, an dem alle Verantwortlichen von Einzelplänen, Aufgabenbereichen und Produktgruppen mitwirken. Sie müssen die Wirkungen ihrer Leistungen auf die Geschlechtergerechtigkeit einschätzen und berücksichtigen.

Gleichstellungswirksame Haushaltssteuerung ist ein Verfahren zur systematischen Analyse und Gestaltung der Haushaltspläne, mit dem Ziele, Produkte, Kennzahlen und Kennzahlenwerte auf ihre Auswirkungen auf die Geschlechter überprüft werden. Auf Grundlage dieser Analyseergebnisse soll der Haushaltsplan aufgestellt und ausgeführt werden. Kernelemente Gleichstellungswirksamer Haushaltssteuerung sind in den Haushaltsplan integrierte Gleichstellungsziele, eine zielgruppenorientierte Produktsteuerung und ein kennzahlengestütztes Wirkungscontrolling mit Budgetbezug.

Gleichstellungswirksame Haushaltssteuerung verlangt die geschlechterdifferenzierte Analyse des Haushalts, um die Wirkung der Leistungen auf die Geschlechter systematisch zu erfassen. Untersucht werden Auswirkungen der Mittelbereitstellung in Einzelplänen, Aufgabenbereichen und Produktgruppen auf die Geschlechter, um auf dieser Grundlage Ansatzpunkte zur Überwindung geschlechtsspezifischer Ungleichheiten aufzuzeigen. Im Rahmen der Gleichstellungswirksamen Haushaltssteuerung werden Wirkungsziele formuliert und zu Beschlussobjekten im Haushaltsplan gemacht. Im Haushaltscontrolling und -abschluss ist die Zielerreichung und die Wirkung auf die Geschlechter zu bewerten.

Grundsätzlich kann die Gleichstellungswirksame Haushaltssteuerung durch drei miteinander verbundene Zyklen beschrieben werden:

– **Bestandsaufnahme:** Untersuchung, Identifikation und Beschreibung bestehender Ungleichheiten zwischen den Geschlechtern sowie möglicher Lösungen, durch die die Benachteiligungen abgebaut werden können.

– **Zielformulierung:** Auf Basis der Bestandsaufnahme werden gleichstellungsorientierte Wirkungsziele und Kennzahlen formuliert und verbindlich mit dem Haushaltsplan beschlossen.

– **Umsetzung/Herstellung tatsächlicher Gleichstellung:** Im Haushaltsvollzug werden Maßnahmen zur Zielerreichung ergriffen, Kennzahlen zeigen im Wege einer unterjährigen Berichterstattung den Fortschritt der Zielerreichung auf.

Hauptzyklen der Gleichstellungswirksamen Haushhaltssteuerung

In den Produktgruppen mit Gleichstellungsrelevanz ist eine Bestandsaufnahme und Analyse bezüglich der Geschlechtergerechtigkeit durchzuführen. Auf dieser Grundlage sind Gleichstellungsziele und -kennzahlen in den jeweiligen Haushaltsteilen festzulegen. Nach der Umsetzung der gleichstellungsfördernden Maßnahmen erfolgt im Haushaltscontrolling ein Abgleich von Gleichstellungszielen und -ergebnissen sowie eine Beurteilung der eingetretenen Wirkungen bei den Zielgruppen.

Mit der Gleichstellungswirksamen Haushaltssteuerung werden in den Basisinformationen der Einzelpläne nicht nur die Aufgaben der Behörden und die inhaltlichen Schwerpunkte dargestellt, sondern auch der Beitrag, den der jeweilige Einzelplan zur tatsächlichen Gleichstellung der Geschlechter leistet. Im Haushaltsplan werden Leistungsziele und -kennzahlen mit Relevanz für die Gleichstellung der Geschlechter durch ein gesondertes Präfix kenntlich gemacht. Darüber hinaus wird im Kennzahlenbuch der Bezug zu einem Handlungsziel aus dem jeweils aktuellen Gleichstellungspolitischen Rahmenprogramm oder einem allgemeinen gleichstellungspolitischen Ziel deutlich gemacht. Dies schafft Transparenz im Hinblick auf die Leistungsziele mit Relevanz für die Gleichstellung der Geschlechter. Hierüber wird eine geschlechterrelevante Wirkungsorientierung im Haushalt ermöglicht.

Das Berichtswesen zur Gleichstellungswirksamen Haushaltssteuerung ist in das bestehende Haushaltsberichtswesen integriert. Parallel zum vierten Quartalsbericht wird der Bürgerschaft der Bericht zu den gleichstellungsbezogenen Haushaltsplanzielen und -kennzahlen im zurückliegenden Bewirtschaftungsjahr vorgelegt. Dies erlaubt neben der zeitgleichen Darstellung zur vorläufigen Gesamtergebnis- und Gesamtfinanzrechnung des vierten Quartalberichts eine jahresweise Vergleichbarkeit der erzielten Fortschritte in den Behörden und Ämtern.

Gleichstellungswirksame Haushaltssteuerung verbessert die Transparenz der Haushalte und ermöglicht einen effektiveren und effizienteren Einsatz der Ressourcen, da eine zielgruppengenaue Verwendung der Mittel besser vorgenommen werden kann.

8. Leistungsbezogener Produkthaushalt

8. Leistungsbezogener Produkthaushalt

Der Produkthaushalt hat die zentrale programmatische Funktion im Steuerungsprozess. Er enthält die zu erwartenden Erlöse und Einzahlungen und ermächtigt die Verwaltung, für die Leistungszwecke Kosten zu verursachen, für die Investitions- oder Darlehenszwecke Auszahlungen zu leisten und Verpflichtungen einzugehen.

Nach dem Grundsatz der sachlichen Bindung ist jedes Verwaltungshandeln an im Haushaltsplan bestimmte Zwecke gebunden. Im Produkthaushalt beschreibt der Senat für jede Produktgruppe seine Ziele und Ergebniskennzahlen zu Art und Umfang der Leistungen. Die Bürgerschaft beschließt somit nicht nur über die Kosten, sondern auch über die Ziele und anzustrebenden Ergebnisse des Verwaltungshandelns. Die Ermächtigung, Ressourcen zu verbrauchen, wird an Leistungszwecke und nicht an Ausgabezwecke gebunden.

Der Haushaltsplan besteht aus Produkten. Ein Produkt ist eine Leistung oder eine Gruppe von Leistungen. Die Produkte werden zu Produktgruppen und die Produktgruppen zu Aufgabenbereichen zusammengefasst. Art und Umfang der zu erbringenden Leistungen sind für jede Produktgruppe im Haushaltsplan verbindlich festzulegen. Der Leistungszweck wird in Form der zugeordneten Produkte, der Ziele, Kennzahlen und Kennzahlenwerte dargestellt. Die sachliche Bindung durch den Leistungszweck erfolgt im Produkthaushalt maßgeblich über Kennzahlen, die die Zielerreichung messbar machen sollen. Der Produkthaushalt bietet damit einen konkreten Überblick über die Ergebnisse und die Angaben zur Wirksamkeit des Verwaltungshandelns.

In den Produktgruppen werden auch die für die Leistungen eingesetzten Vollzeitäquivalente ausgewiesen. Die zu veranschlagenden Personalkosten mit Ausnahme der sonstigen Kosten mit Entgelt- oder Bezugscharakter ergeben sich grundsätzlich aus der Anzahl der Vollzeitäquivalente und den Personalkostenverrechnungssätzen. In diesen sind auch Kostenelemente für die Abbildung zukünftiger Versorgungskosten in Form von Pensionsrückstellungen enthalten.

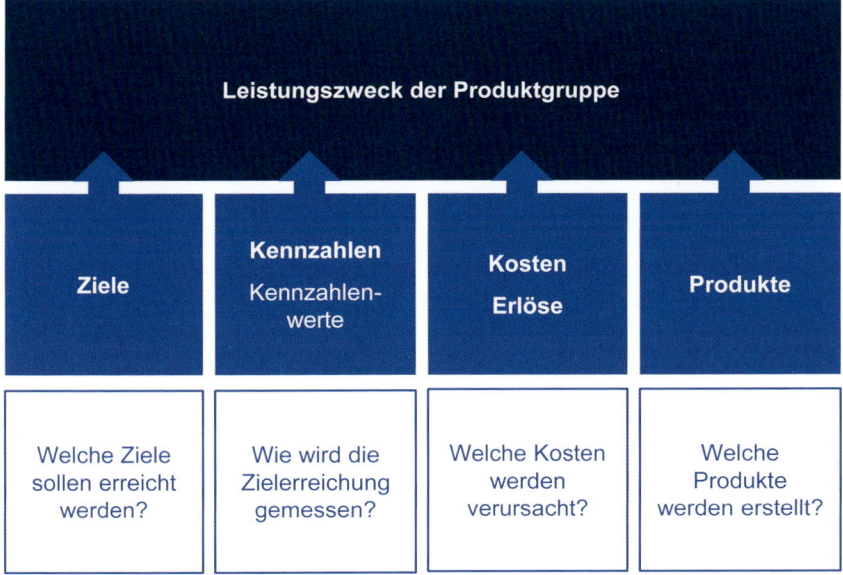

Hamburger Leistungsmodell

Der Gesamtergebnisplan enthält alle erwarteten Erträge und Aufwendungen. Er berücksichtigt sowohl zahlungswirksame als auch nicht zahlungswirksame Positionen wie z. B. Kosten für Abschreibungen, Kosten zur Bildung von Rückstellungen oder Verbindlichkeiten sowie Erträge aus deren Auflösung. Der Gesamtfinanzplan beinhaltet alle zu erwartenden Ein- und Auszahlungen, unabhängig davon, ob sie ergebniswirksam sind, und damit auch die Investitions-Ein- und Auszahlungen.

Einzelpläne

Jede Behörde sowie jedes Bezirksamt verfügt über einen Einzelplan mit Ergebnis- und Finanzplan. Die Einzelpläne sind in Aufgabenbereiche untergliedert, die in den Fachbehörden meist den Ämtern, in den Bezirksämtern den Dezernaten, entsprechen. Für jeden Aufgabenbereich besteht ein Ergebnis- und ein Finanzplan. Die Aufgabenbereiche unterteilen sich wiederum in Produktgruppen, die den behördlichen Strukturen angelehnt sind. In den Produktgruppen werden die für die Leistungszwecke erforderlichen Kosten und Erlöse veranschlagt. Kosten und Erlöse werden für die rund 1 000 Produkte des Haushaltsplans einzeln ausgewiesen. Die Veranschlagung erfolgt nach Kontenbereichen, die Kosten oder Erlöse gleicher Art zusammenfassen. Zudem werden in den Produktgruppen die jeweiligen Produkte mit ihren Kosten und Erlösen dargestellt.

Haushaltsaufstellung

Für jedes Haushaltsjahr ist ein Haushaltsplan aufzustellen. Mit dem Eckwertebeschluss, der von der Finanzbehörde mit den Behörden und Ämtern vorbereitet wird, gibt der Senat die Eckwerte für die Haushaltsplanung vor. Auf Basis des Eckwertebeschlusses stellen die Behörden und Ämter die Haushaltsvoranschläge in dezentraler Verantwortung auf. Dazu gehört auch, dass die Ziele der Produktgruppen definiert werden, und bestimmt wird, anhand welcher Kennzahlen der Grad der Zielerreichung gemessen werden soll. Dabei werden die Erkenntnisse aus den Quartals- und Halbjahresberichten berücksichtigt.

Die Finanzbehörde prüft die Voranschläge der Behörden und Ämter. Sie stellt im Benehmen mit den Behörden und Ämtern den Entwurf des Haushaltsplans auf und leitet ihn zur Beschlussfassung an den Senat weiter. Der Entwurf des Haushaltsplans und der Entwurf des Haushaltsbeschlusses werden vom Senat verabschiedet. Damit entscheidet der Senat auch über die Verankerung der Ressourcenbedarfe für strategische Ziele. In der Regel zur ersten Sitzung der Bürgerschaft nach dem 1. September werden die Entwürfe von Haushaltsbeschluss und Haushaltsplan der Bürgerschaft zur Beratung und Beschlussfassung vorgelegt.

Der Entwurf des Haushaltsbeschlusses und der Entwurf des Haushaltsplans werden in der Bürgerschaft beraten. Vor Beginn des Rechnungsjahres wird der Haushaltsplan durch Beschluss der Bürgerschaft festgestellt. Mit Einwilligung der Bürgerschaft kann der Haushaltsplan für zwei Haushaltsjahre, nach Jahren getrennt, aufgestellt werden.

Kontenbereiche

Die Ermächtigung, Kosten zu verursachen, spricht die Bürgerschaft für die im Ergebnisplan der Produktgruppen dargestellten Kontenbereiche aus. Das sind die Kontenbereiche:

– Kosten aus laufender Verwaltungstätigkeit
– Personalkosten (inklusive Versorgungsrückstellungskosten)
– Kosten aus Transferleistungen (Zuschüsse und Zuwendungen)
– Kosten aus Abschreibungen
– sonstige Kosten
– Kosten aus dem Finanzergebnis (u. a. Abschreibungen auf Finanzanlagen)
– globale Mehrkosten
– globale Minderkosten.

Die im Finanzplan des Aufgabenbereichs dargestellten Auszahlungen aus Investitionstätigkeit und für gegebene Darlehen werden je Aufgabenbereich als Auszahlungen für Einzelinvestitionen, Investitionsprogramme oder sonstige Investitionen und für Darlehen von der Bürgerschaft bewilligt. Damit wird sichergestellt, dass die Bürgerschaft nicht nur die Einhaltung der Leistungszwecke überprüfen, sondern auch bestimmen und nachprüfen kann, für welche Kostenarten die finanziellen Ressourcen verwendet werden sollen bzw. verwendet wurden.

Mittelfristige Finanzplanung

Nach dem Gesetz zur Förderung der Stabilität und des Wachstums der Wirtschaft ist der Haushaltswirtschaft eine fünfjährige Finanzplanung zugrunde zu legen. Dieser mittelfristige Finanzplan ist der Bürgerschaft spätestens im Zusammenhang mit dem Entwurf des Haushaltsgesetzes vorzulegen. In Hamburg ist der mittelfristige Finanzplan in den Haushaltsplan integriert. Im Haushaltsplan sind sowohl die Erlöse und Kosten als auch die Kennzahlen für einen mittelfristigen Zeitraum über alle Ebenen dargestellt. Die Darstellung von Erlösen, Kosten und Kennzahlen zeigt Entwicklungen zur Erreichung der vorgegebenen Ziele. Die mittelfristige Perspektive ermöglicht es der Verwaltung – unter dem Vorbehalt der Feststellung der einzelnen Haushaltspläne durch die Bürgerschaft – die für die Erreichung der Ziele erforderlichen Maßnahmen und Ressourcen über einen mittelfristigen Zeithorizont zu planen. Sofern in einem Jahr kein Haushaltsplanentwurf aufgestellt wird, legt der Senat die Fortschreibung des mittelfristigen Finanzplans der Bürgerschaft gesondert vor.

Im Zusammenhang mit der Vorlage des Entwurfs des Haushaltsplans und des mittelfristigen Finanzplans unterrichtet der Senat die Bürgerschaft über den Stand und die voraussichtliche Entwicklung der Finanzwirtschaft. Der allgemeine Vorbericht zum Haushaltsplanentwurf und zum mittelfristigen Finanzplan sind Bestandteile des Finanzberichts, in dem die finanzpolitischen Grundsätze und Ziele sowie die Rahmenbedingungen der Haushaltsplanung beschrieben werden.

Stellenplan

Der bundes- und landesrechtlich vorgeschriebene Stellenplan weist den Stellenbestand (einschließlich der Leerstellen und der Stellen für Nachwuchskräfte) jeweils als Anlage in den Einzelplänen des Haushaltsplans aus. Er stellt die Ermächtigungen für die Beschäftigung von Personal dar, die von den Behörden und Ämtern dezentral und in eigener Verantwortung unter Berücksichtigung weiterer Kriterien (u. a. Budgetvorgaben, Personalentwicklungspfade) ausgeschöpft werden können. Für die zielgerichtete verwaltungsinterne Steuerung der Personalkapazität wurde das Instrument der Quantitativen Personalsteuerung entwickelt.

Kosten- und Leistungsrechnung

In der Doppik ergänzt die Kosten- und Leistungsrechnung die Drei-Komponenten-Rechnung aus Ergebnisrechnung, Finanzrechnung und Bilanz. Mit Hilfe der Kosten- und Leistungsrechnung werden die Kosten und Erlöse von Produkten so bestimmt, dass sie den Einzelplänen zugeordnet werden können. Damit wird Kostentransparenz geschaffen und das Kostenbewusstseins gesteigert und die Steuerung und Kontrolle des Verwaltungshandelns verbessert. Auch findet die Kosten- und Leistungsrechnung z. B. bei der Kalkulation von Gebühren und Entgelten Anwendung. Ebenso kann sie Informationen für eine Entscheidung hinsichtlich Eigenerstellung oder Fremdvergabe von Leistungen liefern.

Drei-Komponenten-Rechnung

Alle Geschäftsvorfälle der Hamburger Verwaltung werden im Rahmen der Buchführung erfasst. Die Drei-Komponenten-Rechnung zeichnet den Buchungsstoff in allen Teilrechnungen durch direkte Buchungen auf Sachkonten auf, so dass die Bestände in der Bilanz, die Erträge und Aufwendungen in der Ergebnisrechnung sowie die Ein- und Auszahlungen in der Finanzrechnung den Standards staatlicher Doppik entsprechend im Jahresabschluss in einer sachlichen Gliederungsstruktur gezeigt werden können.

Leistungsverrechnung

Die Kosten- und Leistungsrechnung ermöglicht die verwaltungsinterne Leistungsverrechnung. Um eine leistungsorientierte Sicht auf den Haushalt abzubilden, werden die Buchungen den Produkten zugeordnet. Damit die Integrierte Fach- und Ressourcenverantwortung wahrgenommen werden kann, werden die Buchungen den Behörden und Ämtern zugeordnet.

Die Kostenrechnung dient der Erfassung und Verrechnung der Kosten, die im Rahmen der Leistungserstellung entstehen. Sie gliedert sich in die folgenden Rechnungen:

- **Kostenartenrechnung:** In ihr werden die Kosten den unterschiedlichen Kostenarten (z. B. Personalkosten, Sachkosten, Abschreibungen) zugeordnet. Sie beantwortet die Frage, welche Kosten entstanden sind.

- **Kostenstellenrechnung:** Sie ermittelt, wo die Kosten entstanden sind, bzw. wer für den Ressourcenverbrauch verantwortlich ist. Die Kostenstellenrechnung ermöglicht die verursachungsgerechte Zuordnung der Kosten zu den einzelnen Verbrauchsstellen.

- **Kostenträgerrechnung** (Produktrechnung): Die Kostenträgerrechnung ermöglicht die verursachungsgerechte Zuordnung der Kosten zu einzelnen Maßnahmen der Verwaltung und zu den Produkten des Haushaltsplans.

In der Leistungsrechnung erfolgt die Erfassung von Leistungen nach Art und Menge und die Bewertung der Leistungen, die im Verwaltungsprozess entstanden sind.

Die Kosten- und Leistungsrechnung dient neben der prüfungssicheren Darstellung der Einzelpläne, Aufgabenbereiche, Produktgruppen und Produkte auch der Kostenermittlung und dem Kostenvergleich. Die verrechneten Kosten können für die Produkte des Haushalts und nach dem integrierten Produktrahmen ausgewertet werden. Eine übergreifende Verrechnung von Kosten aus anderen Produktgruppen ist über den Haushaltsplan möglich (haushaltsrelevante Verrechnung), soweit diese Verrechnungen und die zugrunde liegenden Leistungsaustauschbeziehungen dort veranschlagt wurden. Für alle anderen Fälle wurde eine statistische Kostenzuordnung außerhalb der Kosten- und Leistungsrechnung in den Produktgruppen entwickelt, die alle Gemeinkosten verursachungsgerecht den Produkten zuordnen kann, ohne Auswirkungen auf den Haushaltsplan zu haben.

Quartalsabschlüsse

Mit den Quartalsabschlüssen werden die Buchungen der Perioden dokumentiert. Die Daten der Quartalsabschlüsse können im Rahmen des
Risikomanagements der Verwaltung insbesondere dazu genutzt werden,
Bedarfe für Soll-Veränderungen oder Nachbewilligungen zu erkennen
und zu begründen.

Die Bewertung der Leistungszwecke und der Daten aus den Quartalsabschlüssen ist für das Berichtswesen des Senats gegenüber der Bürgerschaft, aber auch für das Controlling der Behörden und Ämter von
Bedeutung. Sie ermöglicht es insbesondere Verwaltung und Senat, die
erreichten fachlichen und finanziellen Stände im Haushaltsvollzug einzu-
ordnen und Risiken frühzeitig zu erkennen.

Ressourcenzuweisung

Der Aufstellung und Ausführung des Haushaltsplans liegt eine Kosten-
und Leistungsrechnung zugrunde. Dabei aggregieren sich die Kostenarten zu den Kontenbereichen der Ergebnispläne von Produktgruppen, für
die Kostenermächtigungen geplant, beschlossen, in Anspruch genommen
und abgerechnet werden. Insofern erfolgt die Ressourcenzuweisung auf
der Grundlage der Kosten- und Leistungsrechnung, die die verwaltungs-
internen Leistungsbeziehungen abbildet.

Der Gesamtergebnisplan stellt – basierend auf den aggregierten Kosten
und Erlösen der Teilpläne – Aufwendungen und Erträge gesamtstädtisch
dar.

9. Integrierte Fach- und Ressourcenverantwortung

9. Integrierte Fach- und Ressourcenverantwortung

Grundsätzlich wird der Haushaltsplan im Rahmen Integrierter Fach- und Ressourcenverantwortung von den Behörden und Ämtern ausgeführt. Im Rahmen der Budgetierung wird die Finanzverantwortung auf die Behörden und Ämter übertragen, die die Fachverantwortung haben. Damit sollen Anreize zu effektivem und effizientem Handeln der dezentralen Akteure geschaffen werden. Die Zusammenführung von Fach- und Finanzverantwortung gewährt den notwendigen Managementspielraum, selbständige wirtschaftliche Entscheidungen zu treffen. Damit werden das Kostenbewusstsein und die Ergebnisverantwortung in den Behörden und Ämtern gestärkt. Durch die Verknüpfung von Fach- und Finanzzielen im Haushaltsplan und einem Controlling auf der Grundlage eines unterjährigen Berichtswesens bleiben die Interessen des Gesamtsystems gewährleistet.

Auf dieser Basis können Erträge und Aufwendungen sowie Verpflichtungsermächtigungen in dezentraler Verantwortung der Behörden und Ämter veranschlagt werden. Die Leistungszwecke jeder Produktgruppe mit Zielen, Kennzahlen und Kennzahlenwerten werden im Haushaltsplan verbindlich festgelegt. Die Verknüpfung von Fach- und Ressourceninformationen ist eine wesentliche Voraussetzung für die strategische Steuerung. Die Fachinformationen geben Auskunft über den Grad der Zielerreichung. Durch die Darstellung des Ressourcenaufwands für die Erreichung der Fachziele wird eine realistische Budgetierung erst ermöglicht.

Das Verhältnis zwischen dezentraler und zentraler Verantwortung auszubalancieren, ist eine Herausforderung. Einerseits sollen durch erweiterte Entscheidungsspielräume bei den Führungskräften Anreize für die effiziente und effektive Erreichung von Zielen der dezentralen Einheit geschaffen werden, andererseits müssen zentrale Vorgaben den erforderlichen Rahmen für die Gesamtverantwortung der handelnden Akteure bilden und zum überfachlichen Konsens anregen.

Verantwortung

In Hamburg führt und beaufsichtigt der Senat die Verwaltung. Der Erste Bürgermeister bzw. die Erste Bürgermeisterin bestimmt die Richtlinien der Politik und trägt dafür die Verantwortung gegenüber der Bürgerschaft. Sie oder er achtet auf die Durchführung der Richtlinien und wirkt darauf hin, dass die Mitglieder des Senats bei ihrer Geschäftsführung die Einheitlichkeit der Regierungspolitik wahren. Dabei wird der Erste Bürgermeister bzw. die Erste Bürgermeisterin von der Senatskanzlei unterstützt.

Die Richtlinien der Politik sind für die Mitglieder des Senats verbindlich. Sie leiten die ihnen nach der Geschäftsverteilung zugewiesenen Behörden und Ämter und tragen dafür die Verantwortung. Angelegenheiten, die von grundsätzlicher Bedeutung sind oder die gesamte Verwaltung betreffen, sind dem Senat vorzulegen. Angelegenheiten von finanzieller Bedeutung sind durch die Finanzbehörde zu begutachten, ehe sie dem Senat zur Beschlussfassung vorgelegt werden.

Im Rahmen der dezentralen Verantwortung der Haushaltsausführung soll eine Identität zwischen Ressourcenverantwortung, Organisationseinheit und Bewirtschaftungsbefugnis bestehen. Die Integrierte Fach- und Ressourcenverantwortung umfasst sowohl alle fachlichen Belange der Behörden und Ämter als auch die Verantwortung für die Ressourcen Personal, Finanzen und Organisation. Die Aufgabenbereiche und Produktgruppen des Haushaltsplans sind grundsätzlich den Organisationsstrukturen der Behörden und Ämter zugeordnet, um so eine möglichst eindeutige organisatorische Verankerung der Haushaltsverantwortung zu gewährleisten.

Beauftragte für den Haushalt

Die Leitungen der Behörden und Ämter bestellen Beauftragte für den Haushalt, sofern sie die Aufgabe nicht selbst wahrnehmen. Die Beauftragten für den Haushalt unterstützen ihre jeweilige Behördenleitung bei der Gesamtsteuerung und wirken bei der Aufgabenplanung mit. Sie sind insbesondere für die Globalsteuerung der Ressourcen und Leistungen zuständig und dafür verantwortlich, dass geeignete Steuerungsinstrumente (z. B. Kontrakte, Berichtswesen, Controlling) implementiert sind.

Die Beauftragten für den Haushalt haben bei der Wahrnehmung ihrer Aufgaben die Gesamtbelange des Haushalts zur Geltung zu bringen und den finanzwirtschaftlichen Erfordernissen Rechnung zu tragen.

Die Beauftragten für den Haushalt steuern die Aufstellung der Vorentwürfe und koordinieren die Ausführung des Haushaltsplans. Grundsätzlich sind die Beauftragten für den Haushalt bei allen Maßnahmen von finanzieller Bedeutung zu beteiligen. Sie müssen insgesamt dafür sorgen, dass mit den verfügbaren sachlichen und personellen Ressourcen ihres Einzelplans die Ziele zu den geplanten Kosten erreicht werden können.

Produktgruppenverantwortliche

Zudem bestellt jede Behördenleitung Produktgruppenverantwortliche, soweit sie die Aufgaben nicht selbst wahrnimmt. Sie sind für die Erfüllung der in den Produktgruppen zusammengefassten Leistungen und für die Einhaltung der Investitions- und Darlehenszwecke der Aufgabenbereiche verantwortlich. Den Produktgruppenverantwortlichen obliegt die Fach- und Ressourcenverantwortung und sie gewährleisten die Aufstellung der Voranschläge ihrer jeweiligen Produktgruppe. Dazu gehört, dass die Ziele der Produktgruppe definiert sind und bestimmt ist, anhand welcher Kennzahlen die Zielerreichung gemessen werden soll. Die Produktgruppenverantwortlichen haben mindestens einmal im Jahr die internen Steuerungs- und Kontrollsysteme dahingehend zu prüfen, ob sie wirksam sind und den Risiken der jeweiligen Aufgabe angemessen begegnen, und sie ggf. fortzuentwickeln.

Deckungsfähigkeit und Übertragbarkeit

Im Rahmen der delegierten Verantwortung werden für die Behörden und Ämter Regelungen zur Deckungsfähigkeit und Übertragbarkeit von Haushaltsermächtigungen getroffen. Das ermöglicht den Behörden und Ämtern weiten Managementspielraum.

Deckungsfähigkeiten können erklärt werden, wenn ein verwaltungsmäßiger oder sachlicher Zusammenhang besteht, oder dadurch Wirtschaftlichkeit und Sparsamkeit gefördert werden. Neben den grundsätzlichen

Regelungen zur Deckungsfähigkeit im Haushaltsbeschluss gibt es im Haushaltsplan viele Einzelregelungen zu den Deckungsfähigkeiten des jeweiligen Aufgabenbereichs.

Ermächtigungen, Auszahlungen für Investitionen und Darlehen zu leisten, sind übertragbar. Sie können bis ins zweite auf die Aktivierung des Anlagevermögens folgende Haushaltsjahr übertragen werden. Ermächtigungen, Kosten zu verursachen, können für übertragbar erklärt werden, wenn dies die Wirtschaftlichkeit und Sparsamkeit fördert. Mit Einwilligung der Finanzbehörde können sie bis zum zweitnächsten Haushaltsjahr übertragen werden. In besonders begründeten Fällen kann die Finanzbehörde auch eine darüberhinausgehende Übertragung zulassen.

Wirtschaftlichkeit und Sparsamkeit

Bei Aufstellung und Ausführung des Haushaltsplans sind die Grundsätze der Wirtschaftlichkeit und Sparsamkeit zu beachten und für alle finanzwirksamen Maßnahmen angemessene Wirtschaftlichkeitsuntersuchungen durchzuführen. Aufgabe der Beauftragten für den Haushalt ist es, darauf hinzuwirken, dass in den Behörden und Ämtern Wirtschaftlichkeitsuntersuchungen und Erfolgskontrollen durchgeführt werden. Die Produktgruppenverantwortlichen haben dafür Sorge zu tragen, dass die Grundsätze der Wirtschaftlichkeit und Sparsamkeit beachtet werden.

Finanzwirksame Maßnahmen sind insbesondere die Planung und Durchführung von Gesetzen, Verordnungen, Verwaltungsvorschriften, fachlichen Programmen, Projekten sowie Investitionen und alle Formen ihrer Umsetzung (z. B. Bauten, Beschaffungen, Organisationsentscheidungen und Zuwendungen). Dabei ist sowohl bei neuen als auch bei bestehenden Aufgaben zu prüfen, ob die Aufgabenerledigung (z. B. aufgrund einer Organisationsuntersuchung, Geschäftsprozessanalyse) durch Änderung der Organisation, der Technikausstattung oder des Personaleinsatzes optimiert werden kann. Bevor neue Maßnahmen übernommen oder bestehende Maßnahmen ausgeweitet werden, müssen die Ausgangslage analysiert, die Ziele bestimmt und die Auswirkungen auf den Haushaltsplan sowie die Vermögenslage der Stadt ermittelt werden.

Mieter-Vermieter-Modell

Bei der Nutzung und Bewirtschaftung der städtischen Immobilien sind im Rahmen eines Mieter-Vermieter-Modells den Behörden und Ämtern als Mieter und den städtischen Realisierungsträgern als Vermieter klare Verantwortlichkeiten und Aufgaben zugewiesen. Durch die Trennung der Nutzerseite (Behörden und Ämter) und des Gebäudemanagements (Realisierungsträger) wird eine Professionalisierung und Effizienzsteigerung bei der Immobiliennutzung und -bewirtschaftung erreicht. Das Modell sieht vor, dass eine vollständig im städtischen Eigentum stehende Objektgesellschaft die Eigentümerrolle übernimmt. Sie schließt Verträge mit der Behörde und mit dem Realisierungsträger ab. Der Realisierungsträger errichtet das Gebäude oder führt die Sanierung durch. Im Nachgang übernimmt der Realisierungsträger auch die laufende Instandhaltung. Die Objektgesellschaft finanziert das Projekt und deckt die Finanzierungskosten über die Miete, die alle Kosten für die Errichtung, Bewirtschaftung und Unterhaltung des Gebäudes (Lebenszykluskostenbetrachtung) beinhaltet. Die sogenannte Miete 1 reflektiert die Errichtungskosten. Sie wird ergänzt durch die Miete 2, die die Kosten für Betrieb, Bewirtschaftung und bauliche Unterhaltung widerspiegelt.

Erfolgskontrollen

Aufgabe der Beauftragten für den Haushalt ist es, darauf hinzuwirken, dass in den Behörden und Ämtern Erfolgskontrollen durchgeführt werden. Bei Maßnahmen mit finanzieller Bedeutung ist nicht nur vor der Durchführung deren Zielsetzung zu bestimmen, sondern auch während und nach ihrer Durchführung die Zielerreichung, Wirksamkeit und Wirtschaftlichkeit zu überprüfen. Erfolgskontrollen geben Informationen über den Grad der Zielerreichung, den Beitrag der Maßnahmen zur Zielerreichung (Kausalität) und die Wirtschaftlichkeit der Maßnahmen. Voraussetzung für die Durchführung von Erfolgskontrollen ist, dass für die einzelne Maßnahme messbare Ziele oder ein Zielsystem als Maßstab für den Erfolg vereinbart wurden und sichergestellt ist, dass Informationen über die Zielerreichung und den Ressourcenverbrauch vorliegen. Eine umfassende Erfolgskontrolle besteht aus der Zielerreichungskontrolle und Wirkungskontrolle sowie der Wirtschaftlichkeitskontrolle. Die Wirtschaftlichkeitskontrolle überprüft, ob die Durchführung einer Maßnahme unter Wirtschaftlichkeitsgesichtspunkten vorteilhaft war. Durch einen Soll-Ist-Vergleich ermittelt die Zielerreichungskontrolle den Zielerreichungsgrad einer Maßnahme. Ob die betreffende Maßnahme einen Beitrag zur Zielerreichung geleistet hat, untersucht die Wirkungskontrolle.

Quantitative Personalsteuerung

Zur Steuerung des Personalbestands werden zwischen den Behörden und Ämtern auf der einen Seite und der Finanzbehörde, dem Personalamt und der Senatskanzlei auf der anderen Seite Kontrakte geschlossen, die für mehrere Jahre Personalentwicklungspfade beschreiben. Diese Entwicklungspfade basieren auf dem beschlossenen Haushaltsplan und konkretisieren innerhalb dieses Rahmens die Entwicklung des Personalbestands der Behörden und Ämter. Die Pfade richten sich an den jeweiligen Aufgaben und Handlungsfeldern aus und berücksichtigen dabei etwaige zusätzliche Bedarfe, z. B. für zentrale Digitalisierungsvorhaben, temporäre Projekte und politische Schwerpunktsetzungen.

Steuerung der Bezirksämter

Die Fachbehörden haben die Verantwortung für die Steuerung der bezirklichen Fachaufgaben. Sie unterstützen die Bezirksämter bei der Aufgabenerledigung und überwachen sie. In jeweils eigenen Produktgruppen der zuständigen Fachbehörden werden Zuweisungen an die Bezirksämter veranschlagt. Die Bezirksämter erhalten Rahmenzuweisungen für Aufgaben, bei denen die Bezirksämter den Mitteleinsatz überwiegend selbst bestimmen können. Zudem erhalten sie nach dem erwarteten Bedarf Zweckzuweisungen für Aufgaben, bei denen kein Gestaltungsspielraum besteht. Einzelzuweisungen werden für Projekte und für einzeln zu veranschlagende Investitionen der Bezirksämter ausgewiesen. Diese Zuweisungen werden im Haushaltsvollzug auf die Einzelpläne der Bezirksämter übertragen.

Landesbetriebssteuerung

Die Landesbetriebe unterliegen in ihren Zielen und Aufgabenstellungen dem Gestaltungswillen von Senat und Bürgerschaft. Die Steuerung der Landesbetriebe obliegt den Behörden und Ämtern. Die aufsichtführenden Behörden können den Landesbetrieben Weisungen erteilen, sie sollen sich dabei aber auf eine Globalsteuerung beschränken. Für jeden Landesbetrieb sind die strategischen Ziele in einem Zielbild zu bestimmen, das spätestens bei Aufstellung des Wirtschaftsplan-Entwurfs auf Veränderungsnotwendigkeiten zu überprüfen ist. Die Aufgaben des Landesbetriebs sollen vom Landesbetrieb in einem Unternehmenskonzept, das mittelfristige Perspektiven aufzeigt und operative Ziele enthält, konkretisiert werden. Den Verwaltungsräten der Landesbetriebe ist u. a. die Überwachung der Zweckmäßigkeit und Wirtschaftlichkeit der Geschäftsführung übertragen.

Beteiligungssteuerung

Auch die fachliche und wirtschaftliche Steuerung der städtischen Unternehmen liegt bei der jeweils zuständigen Fachbehörde. Verantwortlich sind die Fachbehörden, in deren Aufgabengebiet die Geschäftätigkeit der jeweiligen Organisation fällt. Privatwirtschaftlich verfasste Organisationen oder Anstalten des öffentlichen Rechts genießen eine größere Autonomie in der Leistungserbringung. Die Kontroll- und Steuerungsprozesse sind auf die jeweilige Rechtsform abgestimmt. Sie gewährleisten, dass die Organisation ihren Auftrag im Interesse der Stadt als Eigentümerin erfüllt. Im Vordergrund steht hierbei nicht in erster Linie der wirtschaftliche Erfolg im Sinne einer Gewinnmaximierung, sondern die qualifizierte Leistungserbringung und ein notwendiges Kostenbewusstsein. Zu diesem Zweck werden Zielbilder formuliert, die in strategische Unternehmenskonzepte münden und durch Kennzahlen operationalisiert werden. Die Wirtschaftspläne werden entlang der Zielbilder und Unternehmenskonzepte aufgestellt. Die Steuerungs- und Kontrollfunktion nimmt die Stadt über die Aufsichtsorgane wahr. Die von der Stadt entsandten Mitglieder der Aufsichtsorgane haben der zuständigen Behörde die erforderlichen Berichte zu erstatten.

Beteiligungssteuerung

Diese Steuerungsansätze werden in der Hamburger Stadtwirtschafts-strategie zusammengeführt. Das Zielsystem der Hamburger Stadtwirt-schaftsstrategie bündelt die allgemeingültigen Ziele der Stadt und bietet einen gemeinsamen Kompass für Verwaltung und öffentliche Unterneh-men. Die Hamburger Stadtwirtschaftsstrategie stellt somit sicher, dass die öffentlichen Unternehmen im Sinne des Gemeinwohls agieren.

10. Berichtswesen und Controlling

10. Berichtswesen und Controlling

Der Senat unterrichtet die Bürgerschaft nach Ablauf des jeweiligen Quartals über den Haushaltsvollzug. In den Berichten wird auf erhebliche Abweichungen des Ressourcenverbrauchs und der Kennzahlenentwicklung hingewiesen sowie über etwaige Gegenmaßnahmen berichtet. Auf der Grundlage der abgeschlossenen Bücher wird für jedes Jahr im Rahmen des Jahresabschlusses der Einzel- und der Konzernabschluss der Stadt aufgestellt, mit dem eine Gesamtübersicht über die wirtschaftliche Betätigung der Stadt sowie ihrer Unternehmen und Beteiligungen gegeben wird.

Unterjähriges Berichtswesen

Nach Ablauf des ersten Quartals berichtet der Senat insbesondere über die Ausführung des Gesamtergebnisplans, des Gesamtfinanzplans sowie über relevante Abweichungen und zu den Hamburger Steuererträgen und Schulden.

Nach Ablauf des zweiten Quartals (Halbjahresbericht) berichtet der Senat über die Ausführung der Aufgabenbereiche, der Einzelpläne und des Gesamtplans, über Art und Umfang der erbrachten Leistungen und die Geschäftsentwicklung der Einrichtungen. Der Halbjahresbericht orientiert sich in seiner Struktur am Haushaltsplan, so dass über alle Haushaltsansätze ein Plan-Soll-Ist-Vergleich vorgelegt wird. Der Senat unterrichtet die Bürgerschaft mit dem Bericht auch über die aus dem Vorjahr übertragenen Ermächtigungen und die aus dem Vorjahr vorgetragenen Fehlbeträge. Damit verbunden sind auch Erläuterungen zum Umfang und zu den Gründen für die Übertragung von Ermächtigungen über mehr als ein Jahr hinaus.

Nach Ablauf des dritten Quartals berichtet der Senat über die Ausführung der Ergebnispläne der Einzelpläne, des Gesamtergebnisplans und des Gesamtfinanzplans, über relevante Abweichungen zum anteiligen Haushaltssoll sowie über den Stand der Ein- und Auszahlungen der im Haushaltsplan veranschlagten Investitionen. Der Senat weist in seinen Berichten auf erhebliche Abweichungen von den Kennzahlenwerten des

Haushaltsplans zum Ende des Haushaltsjahres hin und berichtet über etwaige Gegenmaßnahmen.

Nach Ablauf des vierten Quartals berichtet der Senat über die vorläufige Gesamtergebnisrechnung und die vorläufige Gesamtfinanzrechnung. Jährlich wird parallel zum vierten Quartalsbericht der Bericht zu den gleichstellungsbezogenen Haushaltsplanzielen und -kennzahlen vorgelegt.

Die Quartals- und Halbjahresberichte dienen der Unterrichtung der Bürgerschaft über die Einhaltung der Haushaltsansätze und die Erreichung der Ziele des Produkthaushalts. Bereits im Haushaltsvollzug kann die Bürgerschaft so das Regierungshandeln bewerten und Impulse geben, die der Senat im Vollzug oder bei der nächsten Haushaltsaufstellung aufgreifen kann.

Landesbetriebscontrolling

Bei den Landesbetrieben ist jeweils ein Controlling installiert, das eine systematische Planung, Steuerung und Kontrolle der betrieblichen Abläufe und Aussagen über den wirtschaftlichen und finanziellen Status des Betriebs ermöglicht. Gleichzeitig lässt das Controlling den Betrieb gefährdende Entwicklungen früh erkennen. Die Abrechnungen der Wirtschaftspläne der Landesbetriebe und Sondervermögen werden der Haushaltsrechnung als Anlage beigefügt, über ihre unterjährige Geschäftsentwicklung wird jeweils im Halbjahresbericht Auskunft gegeben. Auch die Jahresabschlüsse und Lageberichte der Landesbetriebe und Sondervermögen werden der Bürgerschaft zugänglich gemacht.

Haushaltsrechnung

Die Abrechnung des Haushaltsplans erfolgt in der Haushaltsrechnung. Dort wird für alle Positionen des Haushaltsplans ein Plan-Soll-Ist-Vergleich vorgenommen. Der Senat weist damit gegenüber der Bürgerschaft nach, ob die Verwaltung die Ermächtigungen eingehalten und inwieweit sie die Ziele der einzelnen Produktgruppen erreicht hat. Haushaltsplan und Haushaltsrechnung sind strukturgleich. Die erbrachten Leistungen der Verwaltung werden durch die Kennzahlen nachgewiesen, die die Leistungszwecke abbilden und Bestandteil der Abrechnung der Produktgruppen sind. Die Haushaltsrechnung besteht aus den Abrechnungen der Produktgruppen, Aufgabenbereiche, Einzelpläne und des Gesamtplans sowie aus dem Lagebericht. Die Abrechnung des Gesamtplans (Jahresabschluss) enthält die Gesamtergebnisrechnung und Gesamtfinanzrechnung sowie die Bilanz und den Anhang.

Anteile an verbundenen Organisationen sowie Beteiligungen werden im Jahresabschluss mithilfe der Eigenkapitalspiegelbildmethode bewertet. Soweit das auf die Stadt entfallende Eigenkapital unterhalb der Anschaffungskosten liegt, werden Abschreibungen getätigt. Im Falle einer Eigenkapitalerholung werden Zuschreibungen bis zur Höhe der Anschaffungskosten vorgenommen. Insofern wird spiegelbildlich zur Änderung des Eigenkapitals in der Bilanz der verbundenen Organisation/Beteiligung auch der Ansatz der Finanzanlage im Einzelabschluss der Stadt fortgeschrieben.

Konzernrechnung

Die Darstellung der Vermögens-, Finanz- und Ertragslage umfasst auf Konzernebene auch ausgegliederte Aufgabenbereiche und öffentliche Unternehmen. Mit dem jährlichen Geschäftsbericht für das zurückliegende Haushaltsjahr legt die Freie und Hansestadt Hamburg die Konzernrechnung vor, die aus dem Konzernabschluss und dem Konzernlagebericht besteht. Für den Geschäftsbericht ist der Referenzpunkt die Abrechnung des vergangenen Jahres (Ist-Ist-Vergleich). Er ist an die Systematik der Jahresabschlüsse von Unternehmen angelehnt.

Der Konzernabschluss ist eine konsolidierte Zusammenfassung der Abrechnung des Gesamtplans (Jahresabschluss) und der Jahresabschlüsse der zu konsolidierenden Organisationen. Er besteht aus Konzernbilanz, Konzernergebnisrechnung, Kapitalflussrechnung, Konzernanhang und Eigenkapitalspiegel. Neben der Kernverwaltung mit ihren Behörden und Ämtern werden im Konzernabschluss rund 400 verbundene Organisationen und Beteiligungen (Landesbetriebe, Sondervermögen, Anstalten, Gesellschaften etc.) berücksichtigt. Die Konzernrechnungslegung zeigt die Vielfalt und Breite des städtischen Handelns.

Über die Haushaltsrechnung und die Konzernrechnung beschließt der Senat in der Regel so rechtzeitig im nächsten Rechnungsjahr, dass sie der Bürgerschaft zur ersten Sitzung im September zugeleitet werden können. Die Bürgerschaft stellt den Jahresabschluss fest und billigt den Konzernabschluss. Mit der Haushaltsrechnung und dem Geschäftsbericht stehen der Bürgerschaft umfangreiche Rechenwerke zur Verfügung, auf deren Grundlage sie über die Entlastung des Senats befinden kann.

Überwachung der Haushalts- und Wirtschaftsführung

Die gesamte Haushalts- und Wirtschaftsführung der Freien und Hansestadt Hamburg einschließlich ihrer Landesbetriebe und Sondervermögen wird vom Rechnungshof überwacht. Der Rechnungshof prüft dabei auch Art und Umfang der erbrachten Leistungen (Leistungszwecke) und die dafür eingesetzten Ressourcen. Der Rechnungshof fasst das Ergebnis seiner Prüfungen, soweit es für die Entlastung des Senats von Bedeutung sein kann, jährlich in einem Bericht zusammen, den er der Bürgerschaft und dem Senat zuleitet. Seine Prüfungsergebnisse zu Jahresabschluss, Konzernabschluss, Lagebericht und Konzernlagebericht fasst er in einem Bestätigungsvermerk zusammen.

Wirkungsbeurteilung

Um Wirkungen zu erzielen und Ziele zu erreichen, ist eine Bestandsaufnahme erforderlich, auf deren Basis die Ausgangssituation bestmöglich dargestellt wird. Eine Beschreibung der aktuellen Lage zur Budgetentwicklung und Zielerreichung findet in Hamburg unterjährig im Rahmen des Quartalsberichtswesens statt. Der jährliche Geschäftsbericht mit dem Einzelabschluss für die Kernverwaltung sowie dem Konzernabschluss enthält die wesentlichen Daten, Fakten und Entwicklungen der Stadt.

Um wirkungsorientiertes Verwaltungshandeln beurteilen zu können, stehen die Zielerreichung und die Wirkungen von Maßnahmen im Mittelpunkt der Betrachtung. Hierbei geht es um die Beurteilung von Ressourceneinsatz (Input), erstellten Leistungen und Produkten (Output) und den erreichten Ergebnissen und Wirkungen (Outcome/Impact). Es geht zunächst darum, mit welchem Ressourceneinsatz unmittelbar Ergebnisse in Form von Produkten und Leistungen erzielt wurden. Darüber hinaus werden auch die Ergebnisse und Wirkungen betrachtet, die Produkte und Leistungen hervorrufen.

Aufgabenplanung

Jede Haushaltsplanaufstellung bietet auf der Ebene der Produktgruppen die Möglichkeit zu einer systematischen Untersuchung des Verwaltungshandelns. Im Hinblick auf die Leistungszwecke ist zu entscheiden, welche Ergebnisse und Wirkungen (Outcome) erreicht werden sollen und mit welchen Kennzahlen die Zielerreichung gemessen wird. In der Regel werden die vorhandenen Ziele, Kennzahlen und Kennzahlenwerte überprüft und angepasst. In den Produktgruppen werden die Produkte zusammengefasst, durch deren Erstellung die Ergebnis- und Wirkungsziele erreicht werden sollen (Output). Im Rahmen der Haushaltsaufstellung wird auch erörtert, wie wirtschaftlich gehandelt wird und welche Digitalisierungspotentiale bestehen. Wie die Verwaltungsprozesse (Throughput) und -strukturen optimalerweise gestaltet werden, um die angestrebten Ziele möglichst effizient und effektiv zu realisieren, bleibt allerdings den Behörden und Ämter im Rahmen des Haushaltsvollzugs überlassen. Da die Ressourcen (Input) in der Regel begrenzt sind, wird insbesondere auch im Rahmen der Haushaltsaufstellung hinterfragt, was mit den zur Verfügung stehenden Ressourcen realisiert werden kann.

Leitfragen des strategischen Managements

Dieses Vorgehen zur Generierung von Zielen und deren Präzisierung entspricht dem Regelkreis der KGSt-Zielfelder/Leitfragen des strategischen Managements. Die KGSt-Zielfelder/Leitfragen können sowohl der Erarbeitung von Strategien von Behörden und Ämtern dienen als auch die Grundlage für individuelle Zieldiskussionen sein.

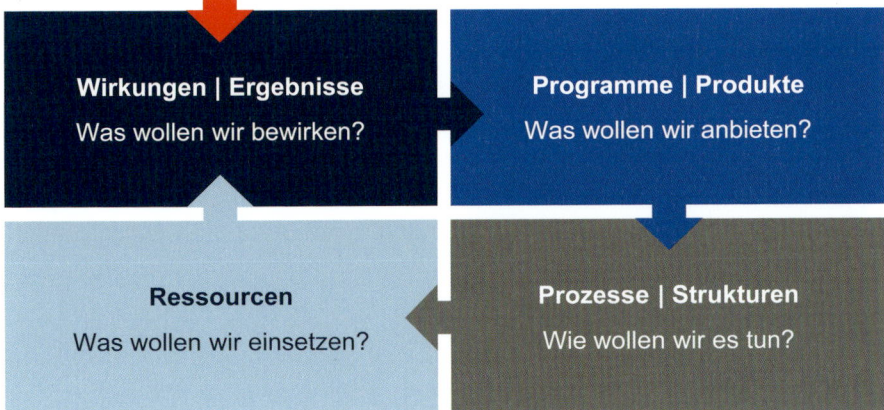

KGSt-Zielfelder/Leitfragen

Die Diskussion über die Prioritäten der Behörden und Ämter ist entscheidend für eine nachhaltige und zukunftsfähige Stadtentwicklung. Die KGSt-Zielfelder/Leitfragen können dabei helfen, Klarheit über die Ziele von Behörden und Ämtern zu erreichen, die Erfolgsfaktoren zu ermitteln, strategische Zusammenhänge zu betrachten sowie Entwicklungs- und Wirkungszusammenhänge aufzuzeigen. Die Arbeit mit den KGSt-Zielfeldern/Leitfragen wird im KGSt-Bericht „Strategiearbeit im Wandel – Warum es sich lohnt, es einfach zu machen" (KGSt B 08/2023) beschrieben.

Digitaler Haushalt

Der Qualität der zugrundeliegenden Informationssysteme für die Fach- und Ressourceninformationen ist für die Budgetierung von besonderer Bedeutung. Der Betrieb und die Nutzung von Informationssystemen ist die Grundlage für die strategische Steuerung und Integrierte Fach- und Ressourcenverantwortung. Hamburg verfügt über ein Enterprise-Resource-Planning-System (ERP) mit einem Datawarehouse. Die Haushaltsprozesse werden derzeit in der integrierten Planung auf Basis des Datawarehouse abgebildet. Die wesentlichen Teile des Hamburger Haushaltsplans werden bereits digital und interaktiv zur Verfügung gestellt:

- Haushaltsplan mit Einzelplänen, Aufgabenbereichen und Produktgruppen: www.haushalt.digital
- Wirtschaftspläne der Landesbetriebe, Sondervermögen und Hochschulen: www.wirtschaftsplan.digital

Die Digitalisierung des Finanzmanagements wird zukünftig eine noch bessere nachhaltige und wirkungsorientierte Haushaltssteuerung möglich machen, indem für die politisch-administrative Steuerung der Verwaltung alle steuerungsrelevanten Informationen digital zusammengeführt und verknüpft werden können.

Bestandteil der Digitalisierungsstrategie des Senats ist das Projekt „Weiterentwicklung der Digitalen Verwaltung und des Digitalen Haushalts – ERP 4.0". Mit neuen IT-Systemen und dazugehörigen IT-Komponenten wird in Hamburg das Fundament für die weitere Digitalisierung und Transformation der Verwaltung geschaffen. Die Finanzbehörde passt das ERP-System den heutigen Ansprüchen an eine moderne Software zur Planung und Steuerung von Ressourcen, Produkten und Prozessen an. Die ERP-Systemlandschaft wird weiterentwickelt und zukunftssicher auf neue Hardware- und Software-Technologien umgestellt, um eine integrierte Gesamtsteuerung des Haushalts zu ermöglichen.

Bereits das komplette Buchhaltungs- und Ressourcensystem der Kernverwaltung ist auf eine moderne Software (S/4HANA) umgestellt, die Finanzbuchhaltung, Controlling, Anlagenbuchhaltung sowie Kassen- und Einnahmenmanagement unterstützt. Auch die Systeme der Landesbetriebe, Sondervermögen und Hochschulen werden auf S/4HANA umgestellt. Die Lösung ermöglicht die schnelle Analyse großer Datenmengen und bietet somit die Chance, Geschäftsprozesse neu zu gestalten. Zudem bietet das System mit Analysefunktionen in Echtzeit weitere Möglichkeiten um beispielsweise Effizienzsteigerungen, Risiken sowie Trends und andere Veränderungen schnell zu erkennen. Im Rahmen des Projekts ERP 4.0 wird die Business-Intelligence-System-Landschaft erneuert. Ein Managementinformationssystem in Form eines Berichtsportals soll zukünftig eine effiziente, schnelle und hochwertige Quelle für entscheidungsrelevante Informationen zur Ressourcensteuerung bieten.

Digitales Rechnungswesen

Ebenfalls im Rahmen des Projekts ERP 4.0 erfolgt in Hamburg die Optimierung und weitere Automatisierung der Buchhaltung. In diesem Zuge bündelt das vom Landesbetrieb Kasse.Hamburg eigenentwickelte IT-Verfahren DRiVe (Digitales Rechnungswesen in der Verwaltung) verschiedene Anwendungen im Rechnungswesen zur Unterstützung der Buchhaltung. In Hamburg bearbeiten und verwalten alle Behörden und Ämter ihre Rechnungen, Zuwendungen und Verträge revisionssicher und medienbruchfrei vom Rechnungseingang bis zur Zahlung mit DRiVe. DRiVe ist modular aufgebaut und bietet Schnittstellen zum zentralen Rechnungseingang und den Auszahlungsmöglichkeiten über des ERP-System. Pro Jahr werden mit DRiVe rund 900.000 Buchungsvorgänge verarbeitet. Zudem bildet das integrierte Modul INEZ.Core die komplette Zuwendungsbearbeitung vom Antragseingang bis zum Bescheid digital ab.

11. Weiterentwicklung des Hamburger Steuerungsmodells

11. Weiterentwicklung des Hamburger Steuerungsmodells

Eine empirische Untersuchung zu Management und Performance im öffentlichen Sektor (Englmaier/Muehlheusser/Roider/Wallmeier Management and Performance in the Public Sector: Evidence from German Municipalities) hat kürzlich zum Zusammenhang zwischen eingesetzten Managementpraktiken und der Leistungsfähigkeit festgestellt, dass eindeutig eine positive Beziehung zwischen dem Grad des strukturierten Managements und der Verwaltungsleistung in Bezug auf ihre Ziele der Verwaltung besteht. Kommunen, die Managementmethoden einsetzen, erzielen bessere Ergebnisse bei den Leistungsindikatoren.

Managementmethoden unterliegen einem steten Wandel. Unter neuen Begrifflichkeiten erleben sie häufig ihren zweiten oder dritten Frühling. In Hamburg wurde aus dem Neuen Steuerungsmodell nach drei Jahrzehnten ein Hamburger Steuerungsmodell. Auch dieses wird sich weiterentwickeln. In dem Bericht des Senats über die Erfahrungen mit der Strategischen Neuausrichtung des Haushaltswesens wurden Entwicklungspotenziale erkannt in Bezug auf die

- Geschwindigkeit des Berichtswesens,
- Stärkung der dezentralen Ressourcenverantwortung,
- Steuerung entlang von Leistungs- und Wirkungszielen sowie
- Gewinnung und Integration von steuerungsrelevanten Informationen.

Verbesserung der Budgetierung

Das Hamburger Steuerungsmodell in Form der Leistungsbudgetierung wird nach der OECD-Klassifikation derzeit als „Presentational Performance Budgeting" eingeordnet. Um das Hamburger Haushaltswesen zum „Managerial Perfomance Budgeting" weiterzuentwickeln, müsste die Budgetierung weiter gestärkt werden. Der Verbesserung der Budgetierung dienen insbesondere

- die Verknüpfung von politischen Vorgaben und strategischen Zielen mit der operativen Planung und Steuerung,
- die Stärkung der Integrierten Fach- und Ressourcenverantwortung,
- die Koppelung von Budgets mit Wirkungszielen und aussagekräftigen Kennzahlen sowie
- der Einsatz eines adressatengerechten digitalen Berichtswesens.

Zu den im Evaluationsbericht dargestellten Entwicklungspotenzialen zählen – entlang des Budgetierungsgesamtprozesses – die

- Verbesserung der strategischen Haushaltssteuerung durch Einführung eines gesamtstädtischen Zielsystems und Einrichtung eines Management-Informationssystems,
- Stärkung der Wirkungsorientierung durch Weiterentwicklung von Zielen mit hoher Steuerungsrelevanz zu Wirkungszielen mit enger Verknüpfung von Fach- und Ressourcenkennzahlen,
- Ausweitung der integrierten Fach- und Ressourcenverantwortung durch Etablierung einer durchgehenden Budgetierung,
- Beschleunigung des Berichtswesens durch Automatisierung und gleichzeitiger Bereitstellung interaktiver Berichtsformate,
- Verbesserung der Transparenz zum Investitionsgeschehen durch Weiterentwicklung der maßnahmenbezogenen Investitionsplanung und -steuerung.

Haushalts-Hanse

Im Rahmen einer Kooperationserklärung haben Bremen und Hamburg eine Haushalts-Hanse gegründet. Damit beabsichtigen die beiden Stadtstaaten, ihre IT-Landschaften für das Haushalts-, Kassen- und Rechnungswesen sowie für die vor- und nachgelagerten Geschäftsprozesse einander anzugleichen, gemeinsame Betriebsstrukturen aufzubauen und gemeinsam die weitere digitale Transformation in diesen Bereichen zu gestalten. Zur Etablierung der Zusammenarbeit im Rahmen des HKR-Systems und der dazugehörigen Prozesse wurde ein gemeinsames ERP-Board eingerichtet, das die perspektivische Entwicklungsstrategie der Haushalts-Hanse festlegen und fortentwickeln soll.

12. Glossar

12. Glossar

Abschreibungen: Sie erfassen den Werteverzehr materieller und immaterieller Vermögensgegenstände des Anlagevermögens. Mit ihrer Hilfe werden im Rechnungswesen die für diese Güter anfallenden Anschaffungs- beziehungsweise Herstellungskosten erfolgswirksam auf die Jahre ihrer Nutzung verteilt.

Anlagenbuchführung: Bei der Anlagenbuchführung wird im Wesentlichen das Anlagevermögen in einem Nebenbuch zum Hauptbuch einzeln aufgeschlüsselt.

Anlagevermögen: Dazu gehören nach § 247 Abs. 2 Handelsgesetzbuch (HGB) Vermögensgegenstände, die dazu bestimmt sind, dauernd dem Geschäfts- beziehungsweise Verwaltungsbetrieb zu dienen. Innerhalb des Anlagevermögens werden die immateriellen Vermögensgegenstände, die Sachanlagen und die Finanzanlagen unterschieden.

Aufwendungen: Sie stellen den Verbrauch von Mitteln oder den in Geld bewerteten Ressourcenverbrauch (Werteverzehr) eines Haushaltsjahres dar.

Bilanz: Das Vermögen (Aktiva) und das Kapital (Passiva) werden in der Bilanz wertmäßig gegenübergestellt. Die linke Seite der Bilanz gibt Auskunft über die Verwendung der eingesetzten finanziellen Mittel. Die rechte Bilanzseite gibt Auskunft über die Mittelherkunft – Eigen- oder Fremdkapital.

Bilanzergebnis: Damit wird der Betrag bezeichnet, der sich nach teilweiser Ergebnisverwendung, also Zuführungen zu beziehungsweise Entnahmen aus Rücklagen, ergibt. In der Privatwirtschaft bezeichnet der Bilanzgewinn die Größe, die grundsätzlich zur Ausschüttung an die Anteilseigner zur Verfügung steht.

Doppik: Der Begriff ist eine Abkürzung und bedeutet doppelte Buchführung in Kontenform. In Abgrenzung zur Kameralistik wird mit dem Begriff „Doppik" insbesondere die doppelte Buchführung im Bereich des öffentlichen Sektors umschrieben. Der Grundsatz der doppelten Buchführung, also die doppelte Erfassung von Geschäftsvorfällen im Soll und im Haben, bewirkt, dass sich Aktiv- und Passiv-Seite einer Bilanz immer ausgleichen.

Eckwertebeschluss: Mit dem Eckwertebeschluss gibt der Senat die Eckwerte für die Haushaltsplanung vor. Unter Beachtung des Eckwertebeschlusses werden von den Behörden und Ämtern die Haushaltsvoranschläge in dezentraler Verantwortung aufgestellt.

Eigenkapital: Das Eigenkapital ist eine rechnerische Größe, die sich aus der Differenz von Vermögen (Aktiva), Schulden, Sonderposten und Rechnungsabgrenzungsposten ergibt. Jahresüberschüsse erhöhen, Jahresfehlbeträge mindern das Eigenkapital. Ist das bilanzielle Eigenkapital durch im abgelaufenen Haushaltsjahr oder in vorangegangenen Jahren angesammelte Verluste aufgebraucht und ergibt sich ein Überschuss der Passiva über die Aktiva, so ist nach § 268 Abs. 3 HGB der Fehlbetrag als letzter Posten auf der Aktivseite gesondert unter der Bezeichnung „Nicht durch Eigenkapital gedeckter Fehlbetrag" auszuweisen.

Eigenkapitalspiegelbildmethode: Die Eigenkapitalspiegelbildmethode ist eine Methode für die Bewertung von Anteilen an verbundenen Organisationen und Beteiligungen. Diese sind ausgehend von den fortgeführten Anschaffungskosten mit dem Wert anzusetzen, der dem anteiligen bilanziellen Eigenkapital der Stadt entspricht.

Enterprise Resource Planning (ERP): Damit werden Softwaresysteme bezeichnet, die zur Unterstützung der ökonomischen Prozesse in Unternehmen oder Organisationen eingesetzt werden. In Hamburg erfolgt über das ERP-System die Aufstellung des Haushalts, seine Bewirtschaftung und seine Abrechnung. Es unterstützt und verwaltet die Kernprozesse des Finanz-, Haushalts- und Rechnungswesens in einem integrierten System.

Ergebnisrechnung: Sie weist durch Gegenüberstellung der Aufwendungen und Erträge eines Haushaltsjahres das Jahresergebnis aus. Übersteigen die Erträge eines Haushaltsjahres die Aufwendungen, entsteht als Saldo ein Jahresüberschuss; anderenfalls wird ein Jahresfehlbetrag ausgewiesen. Die Ergebnisrechnung entspricht der kaufmännischen Gewinn- und Verlustrechnung.

Ermächtigungsvortrag/Ermächtigungsvorbelastung: Der Ermächtigungsvortrag und die Ermächtigungsvorbelastung stellen in der staatlichen Doppik Eigenkapitalpositionen dar. Sie verknüpfen Haushaltsbewirtschaftung und Abrechnung. In den Haushaltsplan eingestellte Ermächtigungen, Kosten zu verursachen, können unter bestimmten Voraussetzungen in das Folgejahr übertragen werden. Die Summe der übertragenen Ermächtigungen wird als Ermächtigungsvortrag bezeichnet. Dieser zeigt somit den Anteil des Eigenkapitals, der bereits durch Ermächtigungen der Bürgerschaft gebunden ist. Im Umkehrschluss weist die Ermächtigungsvorbelastung die auf das Folgejahr übertragenen Fehlbeträge aus. Fehlbeträge treten dann auf, wenn die Ermächtigungen der Bürgerschaft, Kosten zu verursachen, nicht auskömmlich waren. Sie sind im Folgejahr auszugleichen.

Erträge: Als Ertrag bezeichnet man den in Geld ausgedrückten Wertezuwachs des Vermögens in einer Periode.

Finanzanlagen: Als Finanzanlagen werden Finanzinvestitionen, das heißt Investitionen in Unternehmen beziehungsweise Institutionen in der Rolle als Eigenkapital-, zum Beispiel durch den Erwerb von Anteilen, oder als Fremdkapitalgeber, zum Beispiel durch die Gewährung von Darlehen, ausgewiesen, die dazu bestimmt sind, der Stadt dauernd zu dienen. Im Wesentlichen zählen das Beteiligungsvermögen der Stadt sowie Ausleihungen hierzu.

Finanzergebnis: Es umfasst jene Aufwendungen und Erträge, die zwar auch zur laufenden Verwaltungstätigkeit gehören, aber Finanzierungs- oder Kapitalanlagegeschäfte betreffen. Hierunter fallen die Erträge beziehungsweise Aufwendungen aus Beteiligungen oder die für Schulden zu leistenden Zinsaufwendungen.

Finanzrechnung: Sie erfasst die Zahlungsströme eines Haushaltsjahres und dient dem Nachweis der Entwicklung der in der Bilanz dargestellten liquiden Mittel. Die Zahlungsströme werden dahingehend unterschieden, ob sie aus laufender Verwaltungstätigkeit, Investitionstätigkeit oder Finanzierungstätigkeit resultieren.

Haushaltsaufstellung: Die Haushaltsaufstellung besteht aus der Aufstellung der Haushaltsvoranschläge durch die Behörden und Ämter, die von der Finanzbehörde geprüft werden und zum Entwurf des Haushaltsplanentwurfs zusammengefasst werden. Die Haushaltsaufstellung wird mit der Vorlage der Entwürfe von Haushaltsbeschluss und Haushaltsplan an die Bürgerschaft abgeschlossen.

Haushaltsplan: Er enthält eine systematische Gegenüberstellung der voraussichtlichen Kosten und Auszahlungen für Investitionen, die zur Erfüllung der staatlichen Aufgaben im Planungszeitraum notwendig sind, und der korrespondierenden Erlöse beziehungsweise Einzahlungen. Der Haushaltsplan ist Grundlage für die Haushalts- und Wirtschaftsführung der Freien und Hansestadt Hamburg.

Haushaltsrechnung: Die Haushaltsrechnung stellt für das abgelaufene Haushaltsjahr die Soll-Ansätze den Ist-Beträgen gegenüber. Sie besteht aus den Abrechnungen der Produktgruppen, Aufgabenbereiche, Einzelpläne und des Gesamtplans sowie aus dem Lagebericht.

Impact: Als Impact bezeichnet man die positiven und negativen Auswirkungen des Verwaltungshandelns auf „das große Ganze" (z. B. Bewohner einer Stadt/Region, Gesellschaft als Ganzes). Impacts resultieren hierbei aus der Summe vieler einzelner Outcomes. Wie auch die Outcomes leiten sich die angestrebten (positiven) Impacts bei öffentlichen Verwaltungen i. d. R. vom Ziel der Gemeinwohlmehrung ab.

Input: Als Input werden Faktoren bezeichnet, die zum Zweck der Leistungserstellung in den Verwaltungsprozess einfließen und dort kombiniert werden. Hierzu zählen im Kontext der öffentlichen Verwaltung v.a. finanzielle Mittel, Sachmittel und Arbeitskräfte.

Investition: Darunter fallen sämtliche Maßnahmen, die zu einer Mehrung des städtischen Anlagevermögens führen. Im Umkehrschluss sind sämtliche Maßnahmen, die nicht zu einer Erhöhung des städtischen Anlagevermögens führen, als Kosten darzustellen.

Jahresabschluss: Er besteht aus einer Bilanz, einer Ergebnisrechnung, einer Finanzrechnung und einem Anhang. Ein Lagebericht wird ergänzend zum Jahresabschluss erstellt.

Kernbilanzierungskreis: Damit wird der Bilanzierungskreis der Kernverwaltung beschrieben. Zu diesem zählen die Verfassungsorgane, Behörden, Senats- und Bezirksämter.

Konsolidierung: Sie beinhaltet die Zusammenfassung von Einzelabschlüssen zum Konzernabschluss. Dies erfolgt im Rahmen der Kapitalkonsolidierung, Schuldenkonsolidierung und Zwischenergebniseliminierung. In der Ergebnisrechnung werden konzerninterne Aufwendungen und Erträge bereinigt.

Kosten: Sie sind der monetär bewertete Verzehr von Gütern und Dienstleistungen in Prozessen der Leistungserstellung, während Aufwendungen den Verzehr von Gütern und Dienstleistungen ohne zwingenden Bezug zur Leistungserstellung bezeichnen.

Lagebericht: Der Lagebericht hat die Aufgabe, den durch den Jahresabschluss vermittelten Einblick in die Vermögens-, Finanz- und Ertragslage der Stadt durch zusätzliche Angaben zu ergänzen. Er enthält zukunftsorientierte Informationen über die Stadt und ihr Umfeld.

Landesbetriebe: Hierunter fallen alle rechtlich unselbstständigen Teile der Stadt mit eigener Wirtschaftsführung und eigenem Rechnungswesen. Aufgrund ihrer wirtschaftlichen Selbstständigkeit werden sie als verbundene Organisationen der Kernverwaltung geführt. Landesbetriebe stellen Wirtschaftspläne auf. Im Haushaltsplan werden indes nur die Zuführungen und Ablieferungen veranschlagt.

Landeshaushaltsordnung (LHO): Sie regelt das Haushalts-, Rechnungs- und Prüfungswesen eines Landes. Sie setzt die Vorgaben des Haushaltsgrundsätzegesetzes in Landesrecht um. Die Regelungen der Landeshaushaltsordnung werden durch Verwaltungsvorschriften konkretisiert.

Outcome: Der Begriff Outcome bezeichnet die positiven oder negativen Auswirkungen, die durch den Output der Verwaltungstätigkeit bei der jeweiligen Zielgruppe erzielt werden. Bei öffentlichen Verwaltungen leiten sich die angestrebten (positiven) Outcomes dabei i. d. R. vom Ziel der Gemeinwohlmehrung ab. Die Outcomes führen ihrerseits zu sog. Impacts.

Output: Der Output ist das Ergebnis der Leistungserstellung. Der Output entsteht, indem Inputfaktoren (z. B. finanzielle Mittel, Sachmittel, Arbeitskräfte) in den Verwaltungsprozess eingebracht und dort kombiniert werden. Die Outputs einer Verwaltung sind hierbei ihre Produkte und Leistungen.

Rechnungswesen: Es besteht aus der Bilanz (Vermögensrechnung), der Ergebnisrechnung, der Kosten- und Leistungsrechnung sowie der Finanzrechnung.

Produkt: Ein Produkt ist eine Leistung oder eine Gruppe von Leistungen. Produkte werden zu Produktgruppen, Produktgruppen zu Aufgabenbereichen zusammengefasst (Produktstruktur). Unterhalb der Ermächtigungsebene befinden sich die Ortsprodukte als Kontierungselement, auf dem die Kostenträgereinzelkosten verursachungsgerecht gebucht werden.

Rücklagen: Darunter versteht man variable Teile des Eigenkapitals. Sie sind nicht mit Rückstellungen zu verwechseln, die Bestandteil des Fremdkapitals sind und wirtschaftliche Verpflichtungen gegenüber Dritten darstellen. Rücklagen müssen nicht zwingend mit Zahlungsmittelreserven unterlegt sein.

Rückstellungen: Sie sind Passivposten, die solche finanziellen Verpflichtungen der Berichtsperiode als Aufwendungen zurechnen, die durch zukünftige Handlungen bedingt werden und deshalb bezüglich ihres Eintretens oder ihrer Höhe nicht völlig, aber dennoch ausreichend sicher sind. Beispiele sind Rückstellungen für Pensionen und ähnliche Verpflichtungen oder Rückstellungen für Prozesskosten.

Sondervermögen: Zu den Sondervermögen zählen alle rechtlich unselbstständigen, abgesonderten Teile des Landesvermögens. Sie werden getrennt vom sonstigen Vermögen verwaltet. Nur Zuführungen und Ablieferungen werden im Haushaltsplan veranschlagt. Sondervermögen stellen aus Sicht der Kernverwaltung Finanzanlagen dar.

Teilprodukte: Leistungen, auch Teilprodukte genannt, sind in Geld bewertete, im Arbeitsprozess entstandene Güter und Dienstleistungen (= externe oder verwaltungsinterne Arbeitsergebnisse).

Tilburger Modell: siehe Neues Steuerungsmodell (NSM)

Throughput: Als Throughput wird die Menge der verarbeiteten Materialien, Daten oder Informationen bezeichnet, die innerhalb eines bestimmten Zeitraumes in einem System von einem Ort zu einem anderen Ort transportiert werden. Es handelt sich um die zur Zielerreichung vorgenommenen Verwaltungsprozesse, mit denen die Leistungen erstellt werden.

Tochterorganisation: Tochterorganisationen sind jene Organisationen, auf die die Stadt einen beherrschenden Einfluss ausüben kann. Sie werden in der Regel im Wege der Vollkonsolidierung in den Konzernabschluss einbezogen. Ein beherrschender Einfluss liegt regelmäßig vor, wenn die Stadt mehr als 50 Prozent der Anteile hält, mithin über die Stimmrechtsmehrheit verfügt.

Vollkonsolidierung: Bei eine Vollkonsolidierung fließen alle Aktiva und Passiva sowie Aufwendungen und Erträge einer Tochterorganisation in den Konzernabschluss ein, soweit diese nicht durch Konsolidierungsmaßnahmen modifiziert oder eliminiert werden.

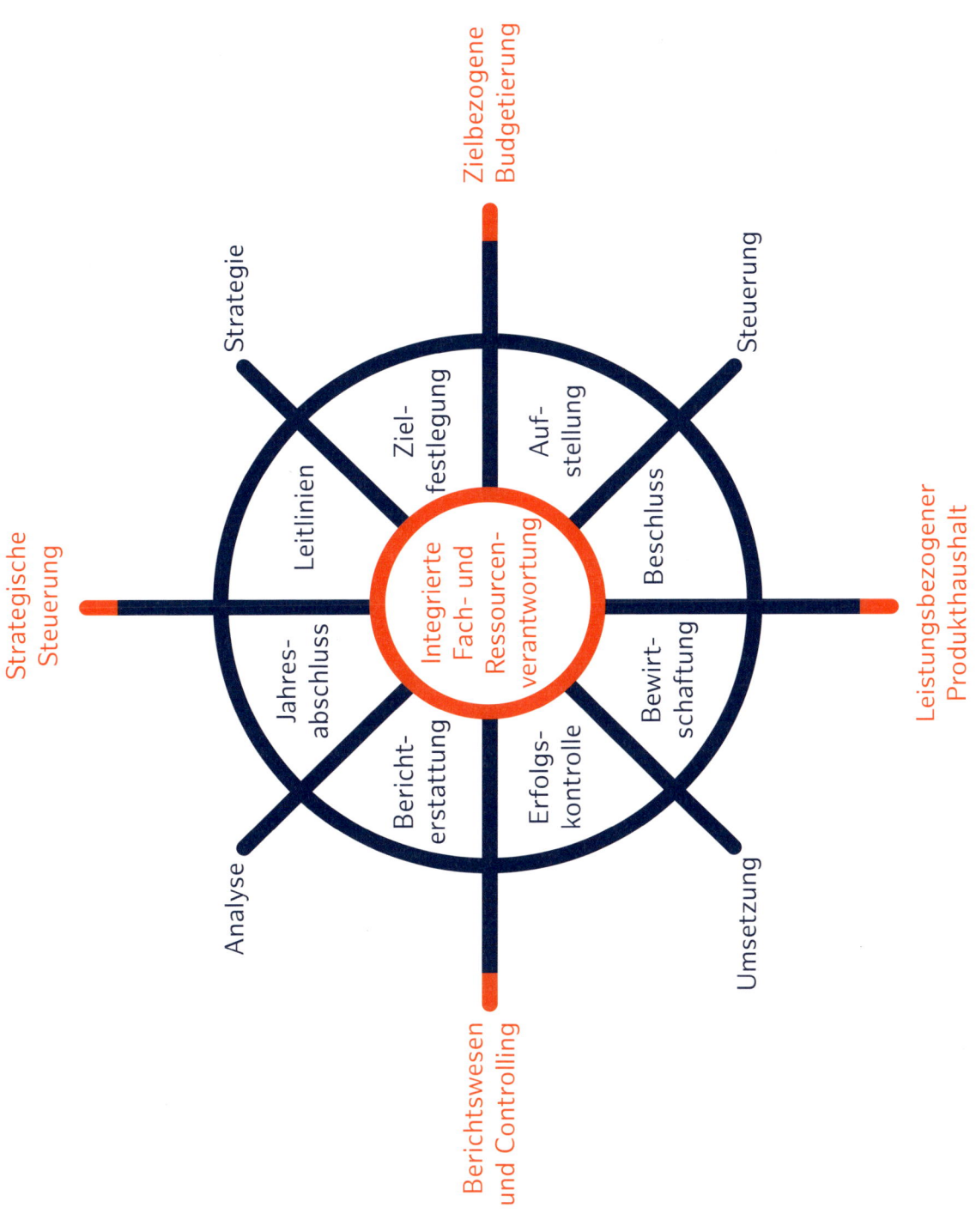

Hamburger Steuerungsrad

13. Verzeichnis der Bürgerschaftsdrucksachen

13. Verzeichnis der Bürgerschaftsdrucksachen

Das Hamburger Steuerungsmodell hat sich in den vergangenen Jahrzehnten auf der Grundlage folgender Bürgerschaftsdrucksachen entwickelt:

- Drucksache 15/1813 vom 13. September 1994: Erprobung eines neuen Steuerungsmodells in Pilotbereichen
- Drucksache 15/3750 vom 15. August 1995: Verwaltungsmodernisierung
- Drucksache 15/5844 vom 6. August 1996: Stand der Verwaltungsmodernisierung in Hamburg
- Drucksache 15/7345 vom 20. Mai 1997: Public Management im öffentlichen Dienst der Freien und Hansestadt Hamburg
- Drucksache 15/7826 vom 29. Juli 1997: Stand der Verwaltungsmodernisierung in Hamburg
- Drucksache 16/843 vom 9. Juni 1998: Verwaltungsmodernisierung – Neues Steuerungsmodell
- Drucksache 16/1573 vom 20. Oktober 1998: Controlling in der Hamburger Verwaltung
- Drucksache 17/3161 vom 5. August 2003: Einführung der kaufmännischen Buchführung in der Verwaltung
- Drucksache 18/1695 vom 4. Februar 2005: Sachstand des Projektes ‚Doppik' zur Einführung der kaufmännischen Buchführung in der Verwaltung
- Drucksache 18/4810 vom 15. August 2006: Geschäftsbericht zur Eröffnungsbilanz der Freien und Hansestadt Hamburg auf den 1. Januar 2006
- Drucksache 19/2068 vom 29. Januar 2009: Neues Haushaltswesen Hamburg (NHH): Einführung einer ergebnis- und ressourcenverbrauchsorientierten Haushaltssteuerung
- Drucksache 19/4142 vom 22.9.2009: Änderung des Haushaltsplans 2010 zur Erprobung des Neuen Haushaltswesens Hamburg nach § 15a LHO in der Justizbehörde und der Behörde für Inneres – Polizei –
- Drucksache 19/5094 vom 19. Januar 2010: Modernisierung und Optimierung der Buchhaltung und der Buchhaltungsorganisation für den Hamburger Kernhaushalt
- Drucksache 20/2363 vom 23. November 2011: Strategische Neuausrichtung des Haushaltswesens

- Drucksache 20/8400 vom 18. Juni 2013: Entwurf eines Gesetzes zur strategischen Neuausrichtung des Haushaltswesens der Freien und Hansestadt Hamburg (SNH-Gesetz – SNHG)
- Drucksache 20/9663 vom 22. Oktober 2013: Ergänzung des Entwurfs eines Gesetzes zur strategischen Neuausrichtung des Haushaltswesens der Freien und Hansestadt Hamburg (Drucksache 20/8400)
- Drucksache 20/10265 vom 10. Dezember 2013: Ein modernes Haushaltswesen für mehr Generationengerechtigkeit
- Drucksache 21/9120 vom 12. Mai 2017: Forschungsprojekt zur Weiterentwicklung des Haushaltswesens der Freien und Hansestadt Hamburg – Verbesserung der parlamentarischen Steuerung
- Drucksache 22/3184 vom 09. Februar 2021: Entwurf eines Gesetzes zur Weiterentwicklung des digitalen Finanzmanagements in Hamburg und zur Änderung haushaltsrechtlicher Vorschriften
- Drucksache 22/3643 vom 23. März 2021: Evaluation des Gesetzes zur Strategischen Neuausrichtung des Haushaltswesens der Freien und Hansestadt Hamburg (SNHG): Erfahrungsbericht des Senats

14. Verzeichnis der Verwaltungsvorschriften zur Landeshaushaltsordnung

14. Verzeichnis der Verwaltungsvorschriften zur Landeshaushaltsordnung

Dem Hamburger Steuerungsmodell liegen die Verwaltungsvorschriften zur Landeshaushaltsordnung zugrunde:

– VV über das Verfahren bei der Aufstellung und Ausführung des Haushaltsplans
– VV zu § 4 Abs. 1 Sätze 1 und 2, Satz 3 Nr. 3 und 4, Satz 4 sowie Abs. 2, § 77 Abs. 1 und 4 sowie § 79 Abs. 1 bis 3 LHO, Art. 40 § 5 Abs. 3 bis 6 SNH-Gesetz (VV Bilanzierung)
– VV zu § 4 Abs. 1 Sätze 1 und 2, Satz 3 Nr. 3 und 4, Satz 4 sowie Abs. 2, § 76 Abs. 2 und § 78 LHO (VV Konzern)
– VV zu § 7 LHO – Wirtschaftlichkeit und Sparsamkeit
– VV zu § 9 LHO – Beauftragte oder Beauftragter für den Haushalt, Verantwortung für Aufgabenbereiche und Produktgruppen
– VV zu § 12 LHO – Vollständigkeit und Einheit, Fälligkeitsprinzip
– VV zu § 14 Abs. 1 bis 5 LHO – Verpflichtungsermächtigungen
– VV zu § 14 Abs. 6 LHO – Integrierter Produktrahmen
– VV zu § 14 Abs. 7 Nr. 1 LHO – Gruppierungsplan
– VV zu § 14 Abs. 7 Nr. 2 LHO – Funktionenplan
– VV zu § 18 LHO – Investitionen und Darlehen
– VV zu § 21 LHO – Deckungsfähigkeit
– VV zu § 22 und § 47 Abs. 1 Satz 5 LHO – Verwendungsauflage
– VV zu § 26 Abs. 2 LHO – Übersichten der Stellen außerhalb der Verwaltung
– VV zu § 36 LHO – Dezentrale Verantwortung
– VV zu § 37 LHO – Bewirtschaftungsgrundsätze
– VV zu §§ 39 und 109 LHO – Über- und außerplanmäßige Kosten und Auszahlungen, Nachträgliche Zustimmung
– VV zu § 40 LHO – Verpflichtungen für künftige Haushaltsjahre
– VV zu § 41 LHO – Gewährleistungen, Darlehenszusagen
– VV zu § 42 LHO – Andere Maßnahmen von finanzieller Bedeutung
– VV zu § 46 LHO – Zuwendungen, Bewirtschaftung von Ermächtigungen und Verwaltung von Vermögensgegenständen
– VV zu § 47 Abs. 2 und 3 LHO – Sachliche und zeitliche Bindung, leistungsbezogene Bewirtschaftung
– VV zu § 48 LHO – Deckungsfähigkeit

- VV zu § 57 LHO – Investitionen, Baumaßnahmen
- VV zu § 59 LHO – Vorleistungen
- VV zu § 61 LHO – Änderungen von Verträgen, Vergleiche
- VV zu § 62 LHO – Veränderung von Forderungen
- VV zu § 63 LHO – Erwerb und Veräußerung von Vermögensgegen-
  ständen
- VV zu § 65 LHO – Beteiligung an privatrechtlichen Unternehmen
- VV zu § 66 LHO – Unmittelbare Unterrichtung des Rechnungshofs
  bei Mehrheitsbeteiligungen
- VV zu § 67 LHO – Prüfungsrecht durch Vereinbarung
- VV zu § 68 LHO – Rechte gegenüber privatrechtlichen Unternehmen
- VV zu § 69 LHO – Übersendung von Prüfungsberichten und anderen
  Unterlagen an den Rechnungshof
- VV zu § 70 LHO – Buchführung
- VV zu § 74 LHO – IT-Verfahren
- VV zu § 93 LHO – Vorprüfung
- VV zu § 95 LHO – Unterrichtung des Rechnungshofs
- VV zu § 106 LHO – Landesbetriebe, Sondervermögen, Hochschulen

Darüber hinaus bestehen noch Verwaltungsvorschriften zur Landeshaushaltsordnung in der bis zum Haushaltsjahr 2014 anzuwendenden (kameralen) Fassung. Diese werden nach und nach durch neue Verwaltungsvorschriften ersetzt.

15. Landeshaushaltsordnung

15. Landeshaushaltsordnung

Haushaltsordnung der Freien und Hansestadt Hamburg
(Landeshaushaltsordnung – LHO)
Vom 17. Dezember 2013 (HmbGVBl. S. 503),
zuletzt geändert am 27. April 2021 (HmbGVBl. S. 283, 284)

Inhaltsübersicht

TEIL III
Ausführung des Haushaltsplans

TEIL IV
Buchführung, Zahlungen, Berichtswesen und Rechnungslegung

TEIL V
Überwachung der Haushalts- und Wirtschaftsführung

TEIL IX
Schlussbestimmungen

TEIL I
Allgemeine Vorschriften zum Haushaltsplan

§ 1
Bedeutung des Haushaltsplans[1]

Der Haushaltsplan ist Grundlage für die Haushalts- und Wirtschaftsführung der Freien und Hansestadt Hamburg.

Er dient der Feststellung und Deckung des Finanzbedarfs und der Aufwendungen, die zur Erfüllung der staatlichen Aufgaben im Bewilligungszeitraum voraussichtlich notwendig sein werden.

Bei seiner Aufstellung und Ausführung ist den Erfordernissen des gesamtwirtschaftlichen Gleichgewichts und den Grundsätzen der Wirkungsorientierung insbesondere unter Berücksichtigung des Ziels der tatsächlichen Gleichstellung der Geschlechter sowie des Prinzips der ökologischen, ökonomischen und sozialen Nachhaltigkeit Rechnung zu tragen.

§ 2
Feststellung des Haushaltsplans

(1) Der Haushaltsplan wird vor Beginn des Rechnungsjahres durch Beschluss der Bürgerschaft (Haushaltsbeschluss) festgestellt.

(2) Rechnungsjahr (Haushaltsjahr) ist das Kalenderjahr. Die für die Finanzen zuständige Behörde kann für einzelne Bereiche etwas anderes bestimmen.

(3) Soweit dieses Gesetz eine Regelung im Haushaltsplan vorschreibt oder zulässt, steht der Haushaltsbeschluss dem Haushaltsplan gleich.

(4) Der Haushaltsbeschluss und der Haushaltsplan können nach Drucklegung von jedermann kostenfrei eingesehen werden.

§ 3
Produkthaushalt

(1) Der Haushalt wird nach Produkten gegliedert aufgestellt, bewirtschaftet und abgerechnet (Produkthaushalt). Ein Produkt ist eine Leistung oder eine Gruppe von Leistungen. Produkte werden zu Produktgruppen, Produktgruppen zu Aufgabenbereichen zusammengefasst (Produktstruktur).

(2) Soweit nichts anderes bestimmt ist, gelten die Regelungen für Leistungen und Produkte entsprechend für Projekte, diejenigen für Produktgruppen entsprechend für große Projekte. Projekte dienen der Erstellung von Leistungen. Sie sind

---

1 § 1 Satz 3 ergänzt durch das Gesetz zur Weiterentwicklung des digitalen Finanzmanagements in Hamburg und zur Änderung haushaltsrechtlicher Vorschriften vom 27. April 2021 (HmbGVBl. S. 283, 284).

in der Zielsetzung einmalig und zeitlich begrenzt. Projekte sind groß, wenn sie für die Freie und Hansestadt Hamburg von besonderer politischer oder finanzieller Bedeutung sind.

(3)[2] Der Aufstellung und Ausführung des Haushaltsplans ist eine Kosten- und Leistungsrechnung zugrunde zu legen, in der alle Kosten und Erlöse erfasst und auf Kostenträger verursachungsgerecht verrechnet werden. Die für die Finanzen zuständige Behörde kann abweichende allgemeine Regelungen treffen.

(4) Für die Aufstellung und Ausführung des Haushaltsplans sind Informations- und Steuerungsinstrumente einzusetzen, die ein Fach- und Finanzcontrolling ermöglichen.

§ 4
Staatliche Doppik

(1) Das Rechnungswesen wird nach den Grundsätzen der staatlichen doppelten Buchführung (staatliche Doppik) gestaltet. Die staatliche Doppik folgt den Vorschriften des Ersten und Zweiten Abschnitts, Erster und Zweiter Unterabschnitt, des Dritten Buchs des Handelsgesetzbuchs in der jeweils geltenden Fassung und den Grundsätzen ordnungsmäßiger Buchführung. Dies umfasst insbesondere die Vorschriften zur

1. laufenden Buchführung (materielle und formelle Ordnungsmäßigkeit),

2. Inventur,

3. Bilanzierung nach den

    a) allgemeinen Grundsätzen der Bilanzierung,

    b) Gliederungsgrundsätzen für den Jahresabschluss,

    c) Grundsätzen der Aktivierung und Passivierung,

    d) Grundsätzen der Bewertung in der Eröffnungsbilanz,

    e) Grundsätzen der Bewertung in der Abschlussbilanz,

4. Abschlussgliederung.

Maßgeblich sind die Bestimmungen für Kapitalgesellschaften.

(2) Die für die Finanzen zuständige Behörde kann die in Absatz 1 genannten handelsrechtlichen Vorschriften konkretisieren, insbesondere bezüglich der Ausübung der handelsrechtlichen Wahlrechte, und abweichende Regelungen treffen, die auf Grund der Besonderheiten der öffentlichen Haushaltswirtschaft erforderlich sind. Sie soll die von Bund und Ländern gemeinsam erarbeiteten Standards für die staatliche Doppik und für Produkthaushalte übernehmen.

---

2   § 3 Absatz 3 Satz 2 angefügt durch das Gesetz zur Weiterentwicklung des digitalen Finanzmanagements in Hamburg und zur Änderung haushaltsrechtlicher Vorschriften vom 27. April 2021 (HmbGVBl. S. 283, 284).

§ 5
Wirkungen des Haushaltsplans

(1) Der Haushaltsplan ermächtigt die Verwaltung, für bestimmte Leistungszwecke Kosten zu verursachen, für bestimmte Investitions- oder Darlehenszwecke Auszahlungen zu leisten und Verpflichtungen einzugehen (Ermächtigungen).

(2) Durch den Haushaltsplan werden Ansprüche oder Verbindlichkeiten weder begründet noch aufgehoben.

§ 6
Notwendigkeit der Kosten, Auszahlungen und Verpflichtungsermächtigungen

Bei Aufstellung und Ausführung des Haushaltsplans sind nur die Kosten im Ergebnisplan und die Auszahlungen im doppischen Finanzplan sowie die Ermächtigungen zum Eingehen von Verpflichtungen, die in künftigen Jahren zu Auszahlungen führen können, (Verpflichtungsermächtigungen) zu berücksichtigen, die zur Erfüllung der staatlichen Aufgaben notwendig sind.

§ 7
Wirtschaftlichkeit und Sparsamkeit

(1) Bei Aufstellung und Ausführung des Haushaltsplans sind die Grundsätze der Wirtschaftlichkeit und Sparsamkeit zu beachten. Diese Grundsätze verpflichten auch zur Prüfung, inwieweit staatliche Aufgaben oder öffentlichen Zwecken dienende wirtschaftliche Tätigkeiten durch Ausgliederung und Entstaatlichung oder Privatisierung erfüllt werden können.

(2)[3] Für alle finanzwirksamen Maßnahmen sind angemessene Wirtschaftlichkeitsuntersuchungen durchzuführen. Dies sind für geeignete Maßnahmen von erheblicher finanzieller Bedeutung Kosten-Nutzen-Analysen.

(3) In geeigneten Fällen ist privaten Anbietern die Möglichkeit zu geben darzulegen, ob und inwieweit sie staatliche Aufgaben oder öffentlichen Zwecken dienende wirtschaftliche Tätigkeiten ebenso gut oder besser erbringen können (Interessenbekundungsverfahren).

(4) Vor der Durchführung von Maßnahmen mit finanzieller Bedeutung ist deren Zielsetzung zu bestimmen. Während und nach ihrer Durchführung sind diese Maßnahmen auf Zielerreichung, Wirksamkeit und Wirtschaftlichkeit zu überprüfen (Erfolgskontrolle).

(5) Das Nähere zu den sachlichen Voraussetzungen sowie zum Verfahren regelt die für die Finanzen zuständige Behörde.

---

3   § 7 Absatz 2 geändert durch das Gesetz zur Anpassung haushaltsrechtlicher Vorschriften vom 4. April 2017 (HmbGVBl. S. 92).

§ 8
Grundsatz der Gesamtdeckung

Alle Erträge dienen zur Deckung aller Aufwendungen. Alle Einzahlungen dienen zur Deckung aller Auszahlungen. Auf die Verwendung für bestimmte Zwecke dürfen Erträge und Einzahlungen beschränkt werden, soweit dies durch Gesetz vorgeschrieben ist, im Haushaltsplan zugelassen ist oder die Mittel von anderer Seite zweckgebunden zur Verfügung gestellt worden sind.

§ 9
Beauftragte oder Beauftragter für den Haushalt, Verantwortung für Aufgabenbereiche und Produktgruppen

(1) Bei jeder Behörde ist eine Beauftragte oder ein Beauftragter für den Haushalt zu bestellen, soweit die Leiterin oder der Leiter der Behörde (Behördenleitung) diese Aufgabe nicht selbst wahrnimmt. Die oder der Beauftragte soll der Behördenleitung unmittelbar unterstellt werden.

(2) Die Behördenleitung bestellt, soweit sie die Aufgaben nicht selbst wahrnimmt, jeweils eine verantwortliche Person für die Erfüllung der in den Produktgruppen zusammengefassten Leistungen sowie für die Erfüllung der Investitions- und Darlehenszwecke der Aufgabenbereiche. Dieser obliegt die Fach- und Ressourcenverantwortung.

(3)[4] Die oder der Beauftragte nach Absatz 1 koordiniert und steuert die Aufstellung der Unterlagen für die mittelfristige Finanzplanung und der Unterlagen für den Entwurf des Haushaltsplans (Voranschläge) sowie die Ausführung des Haushaltsplans. Im Übrigen ist die oder der Beauftragte bei allen Maßnahmen von finanzieller Bedeutung zu beteiligen.

§ 10
Unterrichtung der Bürgerschaft

(1) Der Senat gibt zu seinen Gesetzentwürfen einschließlich der nach Artikel 43 der Verfassung der Freien und Hansestadt Hamburg der Bürgerschaft vorzulegenden Verträge einen Überblick über die Auswirkungen auf den Haushaltsplan und die mittelfristige Finanzplanung.

(2) Der Senat unterrichtet die Bürgerschaft über erhebliche Änderungen der Haushaltsentwicklung und deren Auswirkungen auf die mittelfristige Finanzplanung.

---

4   § 9 Absatz 3 Satz 3 gestrichen durch das Gesetz zur Weiterentwicklung des digitalen Finanzmanagements in Hamburg und zur Änderung haushaltsrechtlicher Vorschriften vom 27. April 2021 (HmbGVBl. S. 283, 284).

(3)[5] Der Senat unterrichtet die Bürgerschaft nach Ablauf des ersten Quartals über die Ausführung des Gesamtergebnisplans und des doppischen Gesamtfinanzplans, über relevante Abweichungen zum anteiligen Haushaltssoll sowie über die Entwicklung der Hamburger Steuererträge und Schulden und gibt einen Prognosebericht zum Gesamthaushalt und zu wichtigen Einflussfaktoren. Nach Ablauf des zweiten Quartals berichtet der Senat über die Ausführung der Teilpläne, der Einzelpläne und des Gesamtplans, über Art und Umfang der erbrachten Leistungen und die Geschäftsentwicklung der Einrichtungen nach § 26 Absatz 1. Er unterrichtet die Bürgerschaft mit dem Bericht zum zweiten Quartal auch über die nach § 47 Absätze 2 und 3 übertragenen Ermächtigungen und Fehlbeträge sowie im Rahmen der Erläuterung der Ermächtigungsüberträge in den jeweiligen Produktgruppen beziehungsweise Aufgabenbereichen über Umfang und Gründe für die Übertragung von Ermächtigungen über mehr als ein Jahr hinaus. Nach Ablauf des dritten Quartals berichtet der Senat über die Ausführung der Ergebnispläne der Einzelpläne, des Gesamtergebnisplans und des doppischen Gesamtfinanzplans, über relevante Abweichungen zum anteiligen Haushaltssoll sowie über den Stand der Ein- und Auszahlungen der im Haushaltsplan veranschlagten Investitionen. Der Senat weist in seinen Berichten auf erhebliche Abweichungen der zum Ende des Haushaltsjahres zu erwartenden Kennzahlenwerte von den Kennzahlenwerten des Haushaltsplans besonders hin und berichtet über etwaige Gegenmaßnahmen. Nach Ablauf des vierten Quartals berichtet der Senat über die vorläufige Gesamtergebnisrechnung und die vorläufige Gesamtfinanzrechnung. Weicht ein Bericht von den Berichten der Präsidentin oder des Präsidenten der Bürgerschaft, des Verfassungsgerichts, des Rechnungshofs oder der oder des Hamburgischen Beauftragten für Datenschutz und Informationsfreiheit ab und ist der Änderung nicht zugestimmt worden, so sind die Teile, über die kein Einvernehmen erzielt worden ist, dem Bericht des Senats unverändert beizufügen.

(4) Der Senat unterrichtet die Bürgerschaft über Vereinbarungen zwischen Bund und Ländern nach Artikel 91b des Grundgesetzes. Sofern die Vereinbarungen Kosten verursachen oder Auszahlungen erfordern, die im Haushaltsplan nicht vorgesehen sind, ist die Zustimmung der Bürgerschaft zu den finanziellen Auswirkungen erforderlich.

---

5 § 10 Absatz 3 letzter Satz geändert durch Artikel 6 des Gesetzes zur weiteren Stärkung der Unabhängigkeit der oder des Hamburgischen Beauftragten für Datenschutz und Informationsfreiheit vom 20. Dezember 2016 (HmbGVBl. S. 570, 572). Absatz vollständig neu gefasst durch das Zweite Gesetz zur Änderung der Landeshaushaltsordnung vom 18. Juli 2017 (HmbGVBl. S. 222).

(5) Der Senat leistet den Mitgliedern der Bürgerschaft, die einen finanzwirksamen Antrag zu stellen beabsichtigen, Hilfe bei der Ermittlung der finanziellen Auswirkungen.

§ 11
Verwaltungsvorschriften zur Haushalts- und Wirtschaftsführung

Die Verwaltungsvorschriften zu diesem Gesetz sowie zur Haushalts- und Wirtschaftsführung erlässt die für die Finanzen zuständige Behörde. Der für den Haushalt zuständige Ausschuss der Bürgerschaft ist unverzüglich über Erlass, Änderung und Aufhebung der Verwaltungsvorschriften zu diesem Gesetz zu unterrichten.

TEIL II
Aufstellung des Haushaltsplans und des mittelfristigen Finanzplans

§ 12
Vollständigkeit und Einheit, Fälligkeitsprinzip

(1) Für jedes Haushaltsjahr ist ein Haushaltsplan aufzustellen.

(2)[6] Der Haushaltsplan enthält alle im Haushaltsjahr

1. zu erbringenden Leistungen,

2. zu erwartenden Erlöse und Einzahlungen,

3. voraussichtlich entstehenden Kosten und zu leistenden Auszahlungen sowie

4. voraussichtlich benötigten Verpflichtungsermächtigungen.

§ 13
Geltungsdauer der Haushaltspläne

Der Haushaltsplan kann mit Einwilligung der Bürgerschaft für zwei Haushaltsjahre, nach Jahren getrennt, aufgestellt werden.

§ 14
Teilpläne, Einzelpläne, Gesamtplan

(1) Der Haushaltsplan besteht aus den Teilplänen der Aufgabenbereiche, den Einzelplänen der einzelnen Verwaltungszweige und dem Gesamtplan.

(2)[7] Jeder Teilplan enthält

---

6   § 12 Absatz 2 Nummern 2 und 3 geändert das durch Gesetz zur Anpassung haushaltsrechtlicher Vorschriften vom 4. April 2017 (HmbGVBl. S. 92).
7   § 14 Absatz 2 Satz 1 Nummer 4 geändert durch das Gesetz zur Anpassung haushaltsrechtlicher Vorschriften vom 4. April 2017 (HmbGVBl. S. 92).

1. die Ergebnispläne der Produktgruppen, in denen jeweils die zu erwartenden Erlöse und voraussichtlich zu verursachenden Kosten für einen Leistungszweck nach § 16 veranschlagt sind, sowie eine Übersicht der insoweit benötigten Verpflichtungsermächtigungen,

2. für die Investitionen und Darlehen die jeweils zu erwartenden Einzahlungen, voraussichtlich zu leistenden Auszahlungen und insoweit voraussichtlich benötigten Verpflichtungsermächtigungen,

3. einen Ergebnisplan, in dem die zu erwartenden Erlöse und die voraussichtlich zu verursachenden Kosten aller Produktgruppen des Aufgabenbereichs zusammenzufassen sind (Ergebnisplan des Aufgabenbereichs), sowie

4. einen doppischen Finanzplan, in dem die zu erwartenden Einzahlungen und die voraussichtlich zu leistenden Auszahlungen für den Aufgabenbereich aus Verwaltungstätigkeit, Investitionstätigkeit und Finanzierungstätigkeit zusammenzufassen sowie die sich daraus ergebenden Veränderungen des Zahlungsmittelbestandes darzustellen sind (doppischer Finanzplan des Aufgabenbereichs).

Wenn Verpflichtungen zu Lasten mehrerer Haushaltsjahre eingegangen werden können, sollen die jeweiligen Jahresbeträge in den Erläuterungen angegeben werden.

(3)[8] Die Ergebnispläne nach Absatz 2 Satz 1 Nummer 1 sind in folgende Kontenbereiche einzuteilen:

1. Erlöse,

2. Kosten aus laufender Verwaltungstätigkeit,

3. Personalkosten,

4. Kosten aus Transferleistungen,

5. Kosten aus Abschreibungen,

6. sonstige Kosten,

7. Erlöse des Finanzergebnisses,

8. Kosten des Finanzergebnisses,

9. globale Mehrkosten,

10. globale Minderkosten.

Die Kontenbereiche unter Satz 1 Nummern 1 bis 6 sind zum Ergebnis der laufenden Verwaltungstätigkeit und die Kontenbereiche unter Satz 1 Nummern

---

8 Aufteilung des Kontenbereichs „globale Mehr-/Minderkosten" (bis Haushaltsjahr 2016) in die Kontenbereiche „globale Mehrkosten" und „globale Minderkosten" (seit Haushaltsjahr 2017) durch das Gesetz zur Änderung der Landeshaushaltsordnung vom 10. März 2016 (HmbGVBl. S. 98). Zahlreiche Änderungen in § 14 Absatz 3 (ab Haushaltsjahr 2019) durch das Gesetz zur Anpassung haushaltsrechtlicher Vorschriften vom 4. April 2017 (HmbGVBl. S. 92).

7 und 8 zum Finanzergebnis zusammenzufassen. Das Ergebnis der laufenden Verwaltungstätigkeit und das Finanzergebnis sind zum Jahresergebnis zusammenzufassen. Das Jahresergebnis, die globalen Mehr- und die globalen Minderkosten sind zum Jahresergebnis einschließlich der globalen Mehr-/Minderkosten zusammenzufassen. Satz 1 Nummern 1 bis 9 sowie die Sätze 2 und 3 gelten für die Übersichten der Verpflichtungsermächtigungen nach Absatz 2 Satz 1 Nummer 1 entsprechend.

(4) Ein Einzelplan enthält

1. einen Ergebnisplan des Verwaltungszweigs und

2. einen doppischen Finanzplan des Verwaltungszweigs.

(5) Der Gesamtplan (Haushaltsübersicht) enthält

1. den Ergebnisplan der Freien und Hansestadt Hamburg (Gesamtergebnisplan),

2. den doppischen Finanzplan der Freien und Hansestadt Hamburg (doppischer Gesamtfinanzplan) und

3. eine Zusammenfassung der Verpflichtungsermächtigungen der Einzelpläne.

(6) Die Produktstruktur ist so einzuteilen, dass eine eindeutige Zuordnung nach den Verwaltungsvorschriften über die funktionale Gliederung des Produkthaushalts (Produktrahmen) sichergestellt ist.

(7) Zur Erfüllung finanzstatistischer Anforderungen und sonstiger Berichterstattungspflichten gegenüber dem Bund werden Daten über die Ein- und Auszahlungen

1. nach Arten bereitgestellt, die sich nach den Verwaltungsvorschriften über die Gruppierung der Einnahmen und Ausgaben des Haushaltsplans nach Arten (Gruppierungsplan) richten, und

2. nach Aufgabengebieten bereitgestellt, die sich nach den Verwaltungsvorschriften über die Gliederung der Einnahmen und Ausgaben nach Aufgabengebieten (Funktionenplan) richten.

§ 15
Übersichten zum Haushaltsplan

(1) In einer Anlage zum Haushaltsplan sind die Erträge und Aufwendungen in einer Gliederung, die dem Produktrahmen nach § 14 Absatz 6 entspricht, darzustellen (Produktübersicht).

(2) Dem Haushaltsplan ist eine nach Aufgabenbereichen gegliederte Übersicht über

1. die Planstellen für Beamtinnen und Beamte,

2. andere Stellen für Beamtinnen und Beamte sowie Stellen für Arbeitnehmerinnen und Arbeitnehmer (andere Stellen als Planstellen)

beizufügen.

§ 16
Leistungszweck

(1) Art und Umfang der zu erbringenden Leistungen (Leistungszweck) sind für jede Produktgruppe im Haushaltsplan verbindlich festzulegen. Der Leistungszweck bildet die Grundlage für die Ermächtigungen nach § 5, Kosten zu verursachen und insoweit Verpflichtungen einzugehen. Er wird in Form der zugeordneten Produkte, der Ziele, Kennzahlen und Kennzahlenwerte dargestellt. Große Projekte sind hinsichtlich ihres Inhalts sowie ihrer Zielsetzung und Dauer darzustellen.

(2)[9] Erlöse dürfen in einer Produktgruppe ohne Leistungen veranschlagt werden, soweit sie nicht unmittelbar der Deckung von Kosten für Leistungen dienen. Solche Erlöse sind nach dem Entstehungsgrund darzustellen. Soweit Kosten in unmittelbarem Zusammenhang mit den Erlösen stehen wie insbesondere Kosten aus dem Länderfinanzausgleich mit Steuererlösen, dürfen sie in derselben Produktgruppe veranschlagt werden. Dies ist zu erläutern. § 37 Absatz 1 ist nicht anzuwenden.

(3) Erlöse und Kosten dürfen in einer Produktgruppe ohne Leistungen veranschlagt werden, wenn dies in den Erläuterungen begründet wird.

§ 17
Veranschlagung

(1) Für dasselbe Ziel dürfen weder Kosten noch entsprechende Verpflichtungsermächtigungen für verschiedene Produktgruppen veranschlagt werden. Für dasselbe Ziel dürfen weder Auszahlungen für Investitionen und Darlehen noch entsprechende Verpflichtungsermächtigungen für verschiedene Aufgabenbereiche veranschlagt werden.

(2) In den Teilplänen ist die Höhe der zweckgebundenen Erlöse und der dazugehörigen Kosten kenntlich zu machen.

(3) Die Veranschlagung globaler Mehr- oder Minderkosten ist nur zulässig, wenn dies in den Erläuterungen begründet wird.

(4) Für den Erwerb von Eigentum an beweglichen Sachen im Umlaufvermögen sind Kosten zu veranschlagen.

(5) Die für die Leistungen einer Produktgruppe eingesetzten Vollzeitäquivalente sind auszuweisen.

(6)[10] Kosten-Nutzen-Analysen nach § 7 Absatz 2 Satz 2 sind der Bürgerschaft vorzulegen. Dies gilt für andere Wirtschaftlichkeitsuntersuchungen nach § 7

---

9   § 16 Absatz 2 Sätze 3 bis 5 angefügt durch das Gesetz zur Anpassung haushaltsrechtlicher Vorschriften vom 4. April 2017 (HmbGVBl. S. 92).
10 § 17 Absatz 6 geändert durch das Gesetz zur Anpassung haushaltsrechtlicher Vorschriften vom 4. April 2017 (HmbGVBl. S. 92).

Absatz 2 entsprechend, sofern deren Vorlage auf Grund des Umfangs oder der Bedeutung der Maßnahme geboten ist.

§ 18
Investitionen und Darlehen

(1) Auszahlungen und Verpflichtungsermächtigungen für Investitionen dürfen nur für bilanzierungsfähiges Anlagevermögen veranschlagt werden.

(2)[11] Einzahlungen, Auszahlungen und Verpflichtungsermächtigungen für Investitionen sind für jeden Aufgabenbereich getrennt nach Einzelmaßnahmen, Programmen und sonstigen Maßnahmen zu veranschlagen. Investitionen sind einzeln zu veranschlagen, wenn dies auf Grund ihrer Bedeutung oder ihres finanziellen Umfangs geboten ist. Nicht einzeln zu veranschlagende, gleichartige oder gleichgerichtete Investitionen für einen Aufgabenbereich sind zu Programmen, alle übrigen Investitionen zu sonstigen Maßnahmen zusammengefasst zu veranschlagen. Die Veranschlagung globaler Minderauszahlungen für Investitionen ist nur zulässig, wenn diese in den Erläuterungen begründet werden.

(3)[12] Die Veranschlagung muss bei Einzelmaßnahmen auf vorliegenden Plänen und Kostenermittlungen beruhen.

(4)[12] Die Veranschlagung der Einzahlungen, Auszahlungen und Verpflichtungsermächtigungen für Investitionen ist zu erläutern. Dazu sind bei der ersten Veranschlagung von Einzelmaßnahmen und Programmen Inhalt, zeitliche Abwicklung und Ziel, voraussichtliche Gesamt- und Folgekosten sowie deren Finanzierung, Kostenbeteiligungen Dritter, Nutzungsdauer und Abschreibungsraten, bei sonstigen Maßnahmen mindestens Inhalt und Ziel darzulegen. Bei jeder folgenden Veranschlagung ist die finanzielle Abwicklung zu erläutern.

(5)[12] Ausnahmen von Absatz 3 und Absatz 4 Satz 2 sind nur zulässig, wenn es im Einzelfall nicht möglich ist, die Unterlagen rechtzeitig fertig zu stellen, und aus einer späteren Veranschlagung der Freien und Hansestadt Hamburg ein Nachteil erwachsen würde. Die Notwendigkeit einer Ausnahme ist in den Erläuterungen zu begründen. Für Einzelmaßnahmen, für welche die Unterlagen noch nicht vorliegen, ist die Ermächtigung, Auszahlungen zu leisten oder Verpflichtungen einzugehen, gesperrt. Das Recht der Bürgerschaft, nach § 24 zu sperren, bleibt unberührt.

(6)[8] Auszahlungen und Verpflichtungsermächtigungen für zu gebende Darlehen dürfen nur für Gelddarlehen veranschlagt werden. Inhalt und Ziel der Darlehen sind zu erläutern. Absatz 2 Satz 4 gilt entsprechend.

---

11   § 18 Absatz 2 geändert durch das Gesetz zur Anpassung haushaltsrechtlicher Vorschriften vom 3. April 2017 (HmbGVBl. S. 92).
12   § 18 Absätze 3 bis 5 neu gefasst und § 18 Absatz 6 geändert durch das Gesetz zur Anpassung haushaltsrechtlicher Vorschriften vom 4. April 2017 (HmbGVBl. S. 92).

§ 19
(aufgehoben)[13]

§ 20
Übertragbarkeit

Ermächtigungen, Auszahlungen für Investitionen und Darlehen zu leisten, sind übertragbar. Ermächtigungen, Kosten zu verursachen, können im Haushaltsplan für übertragbar erklärt werden, wenn dies die Wirtschaftlichkeit und Sparsamkeit fördert.

§ 21
Deckungsfähigkeit

(1) Ermächtigungen, Kosten zu verursachen, können im Haushaltsplan für gegenseitig oder einseitig deckungsfähig zugunsten anderer Ermächtigungen, Kosten zu verursachen, erklärt werden, wenn ein verwaltungsmäßiger oder sachlicher Zusammenhang besteht oder dadurch die Wirtschaftlichkeit und Sparsamkeit gefördert werden.

(2) Ermächtigungen, Auszahlungen für Investitionen zu leisten, können im Haushaltsplan für gegenseitig oder einseitig deckungsfähig zugunsten anderer Ermächtigungen, Auszahlungen für Investitionen zu leisten, erklärt werden, wenn ein verwaltungsmäßiger oder sachlicher Zusammenhang besteht oder dadurch die Wirtschaftlichkeit und Sparsamkeit gefördert werden. Das gilt für Ermächtigungen, Auszahlungen für Darlehen zu leisten, entsprechend.

(3) Die Deckungsfähigkeit von Verpflichtungsermächtigungen richtet sich nach den Ermächtigungen, für die sie veranschlagt worden sind, solange der Haushaltsplan nichts anderes bestimmt.

§ 22
Verwendungsauflage

Eine Ermächtigung, Kosten zu verursachen oder Verpflichtungen einzugehen, kann mit der Auflage versehen werden, sie im Rahmen des Leistungszwecks teilweise für bestimmte Maßnahmen zu verwenden. Das gilt auch für die Zuführungen an die Einrichtungen nach § 26 Absatz 1.

---

13 § 19 aufgehoben durch das Gesetz zur Anpassung haushaltsrechtlicher Vorschriften vom 4. April 2017 (HmbGVBl. S. 92).

§ 23
Billigkeitsleistungen

In den Teilplänen kann bestimmt werden, dass für Leistungen aus Gründen der Billigkeit Kosten verursacht werden dürfen. Der Kontenbereich nach § 14 Absatz 3 und die Höhe der Kosten sind anzugeben.

§ 24
Sperrung durch die Bürgerschaft

Die Bürgerschaft kann bestimmen, dass die Inanspruchnahme von Ermächtigungen oder eines der Höhe nach bestimmten Anteils derselben ihrer Einwilligung oder der Einwilligung einer Bezirksversammlung bedarf. Sie kann ihre Befugnis zur Einwilligung durch eine Regelung in ihrer Geschäftsordnung weiter übertragen.

§ 25
Stellenplan

(1) Planstellen sind nach Besoldungsgruppen und Amtsbezeichnungen in dem als Stellenplan bezeichneten Teil des Haushaltsplans auszubringen. Sie dürfen nur für Aufgaben eingerichtet werden, zu deren Wahrnehmung die Begründung eines Beamtenverhältnisses zulässig ist und die in der Regel Daueraufgaben sind. Andere Stellen als Planstellen sind im Stellenplan nach dem Stand zur Zeit seiner Aufstellung nachrichtlich auszuweisen.

(2) Planstellen sind als „künftig wegfallend" zu bezeichnen, soweit sie in den folgenden Haushaltsjahren voraussichtlich nicht mehr benötigt werden.

(3) Planstellen sind als „künftig umzuwandeln" zu bezeichnen, soweit sie in den folgenden Haushaltsjahren voraussichtlich in Planstellen einer niedrigeren Besoldungsgruppe oder in Stellen für Arbeitnehmerinnen und Arbeitnehmer umgewandelt werden können.

(4) Die Absätze 2 und 3 gelten für andere Stellen als Planstellen entsprechend; die Vermerke sind im Stellenplan nachrichtlich auszuweisen.

§ 26
Wirtschaftspläne der Landesbetriebe, Sondervermögen und Hochschulen, Übersichten der Stellen außerhalb der Verwaltung

(1)[14] Die Wirtschaftspläne

1. der Landesbetriebe nach § 106 Absatz 1,

2. der Sondervermögen nach § 106 Absatz 2 und

---

14 Der Verweis auf die Hochschulen in § 26 Absatz 1 Nr. 3 ergänzt durch Artikel 3 des Gesetzes über die Berufliche Hochschule Hamburg vom 27. November 2019 (HmbGVBl. S. 408, 409).

3. der staatlichen Hochschulen der Freien und Hansestadt Hamburg nach § 1 Absatz 1 Nummern 1 bis 6 und 9 des Hamburgischen Hochschulgesetzes (HmbHG) vom 18. Juli 2001 (HmbGVBl. S. 171), zuletzt geändert am 27. November 2019 (HmbGVBl. S. 408, 409), in der jeweils geltenden Fassung

sind dem Haushaltsplan als Anlagen beizufügen. Im Haushaltsplan sind nur die Zuführungen oder die Ablieferungen zu veranschlagen. Zuführungen sind jeweils getrennt nach konsumtiven und investiven Zuführungen zu veranschlagen und zu ermächtigen. Planstellen sind nach Besoldungsgruppen und Amtsbezeichnungen im Stellenplan auszubringen. Andere Stellen als Planstellen sind im Stellenplan nach dem Stand zur Zeit seiner Aufstellung nachrichtlich auszuweisen.

(2)[15] Über die Erträge und Aufwendungen sowie Einzahlungen und Auszahlungen von

1. juristischen Personen des öffentlichen Rechts, die von der Freien und Hansestadt Hamburg ganz oder zum Teil unterhalten werden, und

2. Stellen außerhalb der Verwaltung, die von der Freien und Hansestadt Hamburg Zuwendungen zur Deckung der gesamten Aufwendungen oder eines nicht abgegrenzten Teils der Aufwendungen erhalten,

sind Übersichten dem Haushaltsplan als Anlagen beizufügen. Die für die Finanzen zuständige Behörde kann Ausnahmen zulassen.

§ 27
Ausgleich des Gesamtergebnisplans

(1) Die Erträge des Gesamtergebnisplans müssen mindestens die Aufwendungen des Gesamtergebnisplans, die Zuführung zur Konjunkturposition nach Absatz 2 und den auf Grund des Gesetzes nach Absatz 3 Nummer 3 zweiter Halbsatz erforderlichen Ausgleich der notsituationsbedingten bilanziellen Vorbelastung decken, soweit ein Fehlbetrag nicht nach Absatz 3 zulässig ist.

(2)[16] Im Haushaltsplan ist der langjährige Trend der Steuererträge mit einem gleitenden Stützzeitraum von 14 Jahren darzustellen. Bei der Ermittlung des Trends erfolgt eine Bereinigung um Wirkungen von Steuerrechtsänderungen. Sind Steuererträge zu veranschlagen, die im Haushaltsjahr über dem sich für dieses Jahr ergebenden Trendwert liegen, sind sie insoweit der Konjunkturposition zuzuführen, als sie ihn übersteigen. Sofern auf Grund von § 13 ein Haushaltsplan für zwei Haushaltsjahre aufgestellt wird, schreibt der Senat im ersten Haushaltsjahr den Trendwert für das zweite Haushaltsjahr fort und unterrichtet die Bürgerschaft über das Ergebnis. Ist zu erwarten, dass die Konjunkturposition positiv oder negativ einen Wert von 50 vom Hundert des Trendwerts der Steuererträge über-

15   § 26 Absatz 2 geändert durch das Gesetz zur Anpassung haushaltsrechtlicher Vorschriften vom 4. April 2017 (HmbGVBl. S. 92).
16   § 27 Absatz 2 Satz 1 geändert durch das Zweite Gesetz zur Anpassung haushaltsrechtlicher Vorschriften vom 29. Mai 2018 (HmbGVBl. S. 200).

steigt, ist das Verfahren zur Ermittlung des langjährigen Trends der Steuererträge zu überprüfen und die Bürgerschaft über das Ergebnis zu informieren.

(3) Die Aufwendungen des Gesamtergebnisplans dürfen die Erträge in dem Umfang übersteigen, in dem folgende Voraussetzungen entweder einzeln oder gemeinsam vorliegen:

1. Der Fehlbetrag kann durch Entnahme aus der allgemeinen Rücklage ausgeglichen werden,

2. die Steuererträge im Haushaltsjahr liegen unterhalb des sich nach Absatz 2 für das Haushaltsjahr ergebenden Trendwerts,

3. durch Gesetz wurde bestimmt, dass der Fehlbetrag auf Grund einer Feststellung nach Artikel 72 Absatz 3 Satz 1 der Verfassung der Freien und Hansestadt Hamburg notwendig ist; in diesem Gesetz ist außerdem festzulegen, in welcher Höhe eine Kreditaufnahme gerechtfertigt ist, wie die notsituationsbedingte bilanzielle Vorbelastung ausgeglichen und wie die Schulden getilgt werden sollen.[17]

<h1 style="text-align:center">§ 28</h1>

Ausgleich des doppischen Gesamtfinanzplans, Kreditermächtigungen

(1) Der doppische Gesamtfinanzplan ist in Einzahlungen und Auszahlungen auszugleichen.

(2) Einzahlungen aus der Aufnahme von Krediten dürfen nur veranschlagt werden zur Finanzierung

1. der Tilgung von Krediten,

2. des Saldos finanzieller Transaktionen,

3. des Fehlbetrags nach § 27 Absatz 3 Nummer 2 und

4. des Bedarfs nach § 27 Absatz 3 Nummer 3 zweiter Halbsatz.[18]

Der Saldo nach Satz 1 Nummer 2 ergibt sich aus den Auszahlungen für den Erwerb von Beteiligungen, für Tilgungen an den öffentlichen Bereich und für die Darlehensvergabe sowie den Einzahlungen aus der Veräußerung von Beteiligungen, aus der Kreditaufnahme beim öffentlichen Bereich sowie aus Darlehensrückflüssen.

(3)[19] Der Haushaltsbeschluss bestimmt, bis zu welcher Höhe Kredite aufgenommen werden dürfen

---

17   § 27 Absatz 3 Nummer 3 ist am 1. Januar 2020 in Kraft getreten (Artikel 40 § 1 Absatz 1 Satz 1 SNH-Gesetz, HmbGVBl. S. 503, 533). Bis zum Haushaltsjahr 2019 war insoweit Artikel 40 § 5 Absatz 1 SNH-Gesetz anzuwenden.

18   § 28 Absatz 2 Satz 1 Nummer 4 ist am 1. Januar 2020 in Kraft getreten (Artikel 40 § 1 Absatz 1 Satz 1 SNH-Gesetz). Bis zum Haushaltsjahr 2019 war insoweit Artikel 40 § 5 Absatz 2 SNH-Gesetz anzuwenden.

19   § 28 Absätze 3 und 4 geändert durch das Gesetz zur Anpassung haushaltsrechtlicher Vorschriften vom 4. April 2017 (HmbGVBl. S. 92).

1. nach Absatz 2 (Deckungskredite); die Höhe der vorgesehenen Kreditaufnahme ist anhand der Fallgruppen des Absatzes 2 zu erläutern,

2. zur Aufrechterhaltung einer ordnungsgemäßen Kassenwirtschaft (Kassenverstärkungskredite); soweit diese Kredite zurückgezahlt sind, kann die Ermächtigung wiederholt in Anspruch genommen werden; Kassenverstärkungskredite dürfen nicht später als sechs Monate nach Ablauf des Haushaltsjahres, für das sie aufgenommen worden sind, fällig werden; die Ermächtigung darf 50 vom Hundert der im doppischen Gesamtfinanzplan veranschlagten Auszahlungen nicht überschreiten.

Der Haushaltsbeschluss kann den Senat zusätzlich ermächtigen, Kredite am Kreditmarkt in Höhe des Fehlbetrags aufzunehmen, der sich daraus ergibt, dass die tatsächlich erzielten Steuererträge hinter den für das jeweilige Haushaltsjahr veranschlagten Steuererträgen zurückbleiben.

(4)[19] Die Ermächtigungen nach Absatz 3 Satz 1 Nummer 1 und Satz 2 gelten bis zum Ende des nächsten Haushaltsjahres und, wenn der Haushaltsplan für das zweitnächste Haushaltsjahr nicht rechtzeitig festgestellt wird, bis zur Feststellung dieses Haushaltsplans. Durch Beschluss der Bürgerschaft können die Ermächtigungen verlängert werden. Die Ermächtigungen nach Absatz 3 Satz 1 Nummer 2 gelten bis zum Ende des laufenden Haushaltsjahres und, wenn der Haushaltsplan für das nächste Haushaltsjahr nicht rechtzeitig festgestellt wird, bis zur Feststellung dieses Haushaltsplans.

§ 29
Eckwertebeschluss, Voranschläge

(1)[20] Der Senat gibt die Eckwerte für die Haushaltsplanung vor (Eckwertebeschluss). Der Eckwertebeschluss hat für die Bürgerschaft, das Verfassungsgericht, den Rechnungshof und die oder den Hamburgischen Beauftragten für Datenschutz und Informationsfreiheit empfehlenden Charakter. Er wird von der für die Finanzen zuständigen Behörde im Benehmen mit den Behörden vorbereitet.

(2) Die Voranschläge werden von den Behörden unter Beachtung des Eckwertebeschlusses in dezentraler Verantwortung aufgestellt. Sie sind der für die Finanzen zuständigen Behörde zu dem von ihr zu bestimmenden Zeitpunkt zu übersenden. Die für die Finanzen zuständige Behörde kann verlangen, dass den Voranschlägen ergänzende Unterlagen beigefügt werden; ihr sind die erforderlichen Auskünfte zu erteilen.

---

20 § 29 Absatz 1 Satz 1, § 30 Absatz 2 und § 31 Absatz 2 ergänzt durch Artikel 6 des Gesetzes zur weiteren Stärkung der Unabhängigkeit der oder des Hamburgischen Beauftragten für Datenschutz und Informationsfreiheit vom 20. Dezember 2016 (HmbGVBl. S. 570, 572).

§ 30
Aufstellung des Entwurfs des Haushaltsplans

(1) Die für die Finanzen zuständige Behörde prüft die Voranschläge und stellt den Entwurf des Haushaltsplans auf. Sie kann die Voranschläge im Benehmen mit den beteiligten Behörden ändern.

(2)[20] Abweichungen von den Voranschlägen der Präsidentin oder des Präsidenten der Bürgerschaft, des Verfassungsgerichts, des Rechnungshofs und der oder des Hamburgischen Beauftragten für Datenschutz und Informationsfreiheit sind von der für die Finanzen zuständigen Behörde dem Senat mitzuteilen, soweit den Änderungen nicht zugestimmt worden ist.

§ 31
Beschluss über den Entwurf des Haushaltsplans

(1) Der Entwurf des Haushaltsbeschlusses wird mit dem Entwurf des Haushaltsplans vom Senat beschlossen.

(2)[20] Weicht der Entwurf des Haushaltsplans von den Voranschlägen der Präsidentin oder des Präsidenten der Bürgerschaft, des Verfassungsgerichts, des Rechnungshofs und der oder des Hamburgischen Beauftragten für Datenschutz und Informationsfreiheit ab und ist der Änderung nicht zugestimmt worden, so sind die Teile, über die kein Einvernehmen erzielt worden ist, unverändert dem Entwurf des Haushaltsplans beizufügen.

§ 32
Vorlage

(1) Der Entwurf des Haushaltsbeschlusses ist mit dem Entwurf des Haushaltsplans vor Beginn des Haushaltsjahres der Bürgerschaft vorzulegen, in der Regel zur ersten Sitzung der Bürgerschaft nach dem 1. September.

(2) Dem Rechnungshof ist der Entwurf des Haushaltsbeschlusses mit dem Entwurf des Haushaltsplans zu übersenden.

§ 33
Mittelfristiger Finanzplan, Berichterstattung zur Finanzwirtschaft

(1) Die für die Finanzen zuständige Behörde stellt entsprechend den Bestimmungen des Gesetzes zur Förderung der Stabilität und des Wachstums der Wirtschaft vom 8. Juni 1967 (BGBl. I S. 582), zuletzt geändert am 31. Oktober 2006 (BGBl. I S. 2407, 2422), sowie des Haushaltsgrundsätzegesetzes vom 19. August 1969 (BGBl. I S. 1273), zuletzt geändert am 15. Juli 2013 (BGBl. I S. 2398), in den jeweils geltenden Fassungen einen Finanzplan für fünf Jahre auf (mittelfristiger Finanzplan). Sie kann hierzu die notwendigen Unterlagen anfordern und diese im Benehmen mit den beteiligten Stellen abändern. Der mittelfristige Finanzplan

wird in den Haushaltsplanentwurf integriert. Der Senat legt die Fortschreibung des mittelfristigen Finanzplans der Bürgerschaft gesondert vor, sofern auf Grund von § 13 in einem Jahr kein Haushaltsplanentwurf aufgestellt wird.

(2) Im Zusammenhang mit der Vorlage des Entwurfs des Haushaltsplans sowie des mittelfristigen Finanzplans soll der Senat die Bürgerschaft über den Stand und die voraussichtliche Entwicklung der Finanzwirtschaft unterrichten.

§ 34
Ergänzungen zum Entwurf des Haushaltsplans

Auf Ergänzungen zum Entwurf des Haushaltsbeschlusses und des Haushaltsplans sind die Bestimmungen der Teile I und II sinngemäß anzuwenden.

§ 35
Nachtragshaushalte und Nachbewilligungen

(1) Auf Nachträge zum Haushaltsbeschluss und zum Haushaltsplan sind die Bestimmungen der Teile I und II sinngemäß anzuwenden. Der Entwurf ist bis zum Ende des Haushaltsjahres in die Bürgerschaft einzubringen.

(2) Nachbewilligungsanträge des Senats müssen einen Deckungsvorschlag enthalten (Deckungsgebot) und die Auswirkungen auf den Leistungszweck darstellen.

TEIL III
Ausführung des Haushaltsplans

§ 36
Dezentrale Verantwortung[21]

Der Haushaltsplan wird grundsätzlich im Rahmen dezentraler Verantwortung ausgeführt.

§ 37
Bewirtschaftungsgrundsätze

(1) Eine Ermächtigung, Kosten zu verursachen, ist so zu bewirtschaften, dass sie zur Deckung aller Kosten eines Kontenbereichs nach § 14 Absatz 3 ausreicht, die für den Leistungszweck einer Produktgruppe veranschlagt sind. Mindererlöse sind durch Minderkosten derselben Produktgruppe aufzufangen. Mehrerlöse dürfen verwendet werden, Mehrkosten der Produktgruppe zu decken, soweit dies ein wirtschaftliches Verhalten fördert oder anderweitig geboten ist.

---

21 § 36 geändert durch das Gesetz zur Anpassung haushaltsrechtlicher Vorschriften vom 4. April 2017 (HmbGVBl. S. 92).

(2) Eine Ermächtigung, Auszahlungen zu leisten, ist so zu bewirtschaften, dass sie zur Deckung aller Auszahlungen ausreicht, die für den jeweiligen Investitions- oder Darlehenszweck veranschlagt sind. Mindereinzahlungen für Investitionen und Darlehen sind durch Minderauszahlungen für den jeweiligen Investitions- oder Darlehenszweck aufzufangen. Mehreinzahlungen für Investitionen und Darlehen dürfen verwendet werden, Mehrauszahlungen für den jeweiligen Investitions- oder Darlehenszweck zu decken, soweit dies ein wirtschaftliches Verhalten fördert oder anderweitig geboten ist.

(3) Globale Mehr- und Minderkosten sowie globale Minderauszahlungen sind auf die sachlich zutreffenden Kontenbereiche zu übertragen. Dasselbe gilt für Erlöse und Kosten, die für Produktgruppen ohne Leistungen veranschlagt wurden, sowie für Einzahlungen und Auszahlungen für Investitionen und Darlehen, die nach ihrem Zweck global für andere Investitionen und Darlehen veranschlagt wurden.

(4) Die Ermächtigungen dürfen nur soweit und nicht eher in Anspruch genommen werden, als dies zur wirtschaftlichen und sparsamen Verwaltung erforderlich ist.

(5) Forderungen sind rechtzeitig und vollständig zu begründen und einzuziehen.

(6) Für die Bewirtschaftung von Ermächtigungen des Bundes sind die Bewirtschaftungserfordernisse des Bundes zu berücksichtigen, soweit in Rechtsvorschriften des Bundes oder Vereinbarungen nicht etwas anderes bestimmt ist.

§ 38
Aufhebung der Sperre

Ist die Inanspruchnahme einer Ermächtigung ganz oder teilweise von einer Einwilligung nach § 24 abhängig gemacht worden, hat der Senat sie einzuholen, bevor Verpflichtungen eingegangen werden. Soweit die Bürgerschaft bestimmt hat, dass die Inanspruchnahme einer Ermächtigung ganz oder teilweise der Einwilligung einer Bezirksversammlung bedarf, kann die zuständige Bezirksamtsleitung beauftragt werden, die Einwilligung der Bezirksversammlung einzuholen.

§ 39
Über- und außerplanmäßige Kosten und Auszahlungen

(1)[22] Mit Einwilligung des Senats dürfen über- und außerplanmäßige Kosten verursacht oder Auszahlungen für Investitionen oder Darlehen geleistet werden; die für die Finanzen zuständige Behörde ist vorher zu hören. Die Einwilligung darf nur im Falle eines unvorhergesehenen und unabweisbaren Bedürfnisses erteilt werden. Eine Unabweisbarkeit liegt insbesondere nicht vor, wenn die Inanspruchnahme bis zur Verabschiedung des nächsten Haushaltsplans zurückgestellt oder

---

22   § 39 Absatz 1 Satz 4 gestrichen durch das Gesetz zur Weiterentwicklung des digitalen Finanzmanagements in Hamburg und zur Änderung haushaltsrechtlicher Vorschriften vom 27. April 2021 (HmbGVBl. S. 283, 284).

die Ermächtigung im Wege einer Nachbewilligung oder eines Nachtrags zum Haushaltsplan bereitgestellt werden kann.

(2) Absatz 1 gilt auch für Maßnahmen, durch die Verpflichtungen entstehen können, für die weder Kosten noch Auszahlungen für Investitionen oder Darlehen im Haushaltsplan veranschlagt sind.

(3) Über- und außerplanmäßige Kosten und Auszahlungen für Investitionen und Darlehen sollen durch Einsparungen an anderer Stelle in demselben Einzelplan ausgeglichen werden.

(4) Die Genehmigung der Bürgerschaft ist bei über- und außerplanmäßigen Kosten, Auszahlungen für Investitionen und Darlehen sowie Verpflichtungen nach den Absätzen 1 und 2 spätestens innerhalb eines Vierteljahres, in Fällen von grundsätzlicher Bedeutung oder erheblicher finanzieller Bedeutung unverzüglich einzuholen.

(5)[23] Ermächtigungen nach § 14 Absatz 3 Satz 1 Nummer 9 und § 16 Absatz 3 dürfen nicht überschritten werden.

(6)[24] Bei übertragbaren Ermächtigungen dürfen Kosten vorzeitig verursacht und Auszahlungen vorzeitig geleistet werden (Vorgriff), soweit dies zur Erfüllung bestehender Verpflichtungen erforderlich ist. Sie sind auf die nächstjährige Bewilligung für den gleichen Zweck anzurechnen. Auch dürfen Auszahlungen im Vorgriff auf eine nächstjährige Ermächtigung, Kosten zu verursachen, geleistet werden, wenn die Kosten auf Grund einer Leistungspflicht für das nachfolgende Haushaltsjahr zu veranschlagen sind. Die Vorgriffsermächtigungen sind der Höhe nach im Haushaltsbeschluss festzulegen. Dies ist nicht erforderlich, wenn die Auszahlung dem Haushaltsjahr, für das die Kosten ermächtigt sind, unmittelbar vorausgeht.

§ 40
Verpflichtungen für künftige Haushaltsjahre[25]

(1)[25] Maßnahmen, die zu Kosten in künftigen Haushaltsjahren führen können, sind nur zulässig, wenn der Haushaltsplan eine entsprechende Verpflichtungsermächtigung enthält. Dies gilt auch für Maßnahmen, die zu Auszahlungen für Investitionen oder Darlehen in künftigen Haushaltsjahren verpflichten können. Im Falle eines unvorhergesehenen und unabweisbaren Bedürfnisses kann der Senat Ausnahmen zulassen; § 39 Absätze 1 und 4 gilt entsprechend.

---

23 § 39 Absatz 5 geändert durch das Gesetz zur Anpassung haushaltsrechtlicher Vorschriften vom 4. April 2017 (HmbGVBl. S. 92).

24 § 39 Absatz 6 neu gefasst durch das Gesetz zur Weiterentwicklung des digitalen Finanzmanagements in Hamburg und zur Änderung haushaltsrechtlicher Vorschriften vom 27. April 2021 (HmbGVBl. S. 283, 284).

25 In § 40 Überschrift und Absatz 1 geändert sowie in Absatz 2 Satz 2 eingefügt durch das Gesetz zur Anpassung haushaltsrechtlicher Vorschriften vom 4. April 2017 (HmbGVBl. S. 92).

(2)[25] Verpflichtungen für laufende Geschäfte dürfen eingegangen werden, ohne dass die Voraussetzungen des Absatzes 1 vorliegen. Einer Verpflichtungsermächtigung bedarf es auch dann nicht, wenn zu Lasten übertragbarer Ermächtigungen, Kosten zu verursachen oder Auszahlungen für Investitionen oder Darlehen zu leisten, Verpflichtungen eingegangen werden, die im folgenden Haushaltsjahr Kosten verursachen beziehungsweise zu Auszahlungen für Investitionen oder Darlehen führen. Das Nähere regelt die für die Finanzen zuständige Behörde.

(3) Die Absätze 1 und 2 sind auf Verträge im Sinne des Artikels 43 der Verfassung der Freien und Hansestadt Hamburg nicht anzuwenden.

§ 41
Gewährleistungen, Darlehenszusagen

(1) Die Übernahme von Bürgschaften, Garantien oder sonstigen Gewährleistungen, die zu Auszahlungen in künftigen Haushaltsjahren führen können, bedarf einer der Höhe nach bestimmten Ermächtigung durch den Haushaltsbeschluss oder durch ein Gesetz.

(2) Darlehenszusagen sowie die Übernahme von Bürgschaften, Garantien oder sonstigen Gewährleistungen bedürfen der Einwilligung der für die Finanzen zuständigen Behörde. Sie ist an den Verhandlungen zu beteiligen. Sie kann auf ihre Befugnisse verzichten.

(3) Bei Maßnahmen nach Absatz 2 haben die zuständigen Behörden auszubedingen, dass sie oder ihre Beauftragten bei den Beteiligten jederzeit prüfen können,

1. ob die Voraussetzungen für die Darlehenszusage oder ihre Erfüllung vorliegen oder vorgelegen haben und

2. ob im Falle der Übernahme einer Gewährleistung eine Inanspruchnahme in Betracht kommen kann oder die Voraussetzungen für eine solche vorliegen oder vorgelegen haben.

Von der Ausbedingung eines Prüfungsrechts kann die für die Finanzen zuständige Behörde ausnahmsweise absehen.

§ 42
Andere Maßnahmen von finanzieller Bedeutung

Soweit die Entscheidung nicht vom Senat getroffen wird, bedürfen der Einwilligung der für die Finanzen zuständigen Behörde

1. der Erlass von Verwaltungsvorschriften,

2. der Abschluss von Tarifverträgen,

3. die Gewährung von über- oder außertariflichen Leistungen,

4. die Festsetzung oder Änderung von Entgelten für Verwaltungsleistungen und

5. sonstige Maßnahmen von grundsätzlicher oder erheblicher finanzieller Bedeutung,

wenn diese Regelungen im laufenden Haushaltsjahr oder in künftigen Haushaltsjahren zu Einzahlungsminderungen oder zu zusätzlichen Auszahlungen führen können.

§ 43
Haushaltswirtschaftliche Sperre[26]

Wenn die Entwicklung der Erträge, Einzahlungen, Aufwendungen oder Auszahlungen es erfordert, kann die für die Finanzen zuständige Behörde es von ihrer Einwilligung abhängig machen, ob Ermächtigungen in Anspruch genommen werden. Dies gilt nicht für die Ermächtigungen der Bürgerschaft, des Verfassungsgerichts, des Rechnungshofs und der oder des Hamburgischen Beauftragten für Datenschutz und Informationsfreiheit.

§ 44
Konjunkturpolitisch bedingte Maßnahmen

(1) Die in § 6 Absatz 1 des Gesetzes zur Förderung der Stabilität und des Wachstums der Wirtschaft vorgesehenen Maßnahmen schlägt die für die Finanzen zuständige Behörde dem Senat vor. Ermächtigt der Senat die für die Finanzen zuständige Behörde zur Durchführung dieser Maßnahmen, unterrichtet er die Bürgerschaft, wenn sich daraus eine wesentliche Änderung der mit dem Haushaltsplan gesetzten Prioritäten ergibt.

(2) Die nach § 6 Absatz 2 und § 7 Absatz 2 des Gesetzes zur Förderung der Stabilität und des Wachstums der Wirtschaft erforderlichen Maßnahmen beschließt der Senat auf Vorschlag der für die Finanzen zuständigen Behörde und teilt sie der Bürgerschaft mit. Kosten dürfen nur mit Zustimmung der Bürgerschaft verursacht, Auszahlungen nur mit Zustimmung der Bürgerschaft geleistet werden; die Bürgerschaft kann sie begrenzen.

§ 45
Liquide Mittel

Nicht sofort benötigte liquide Mittel sollen so angelegt werden, dass über sie bei Bedarf verfügt werden kann.

---

26 § 43 ergänzt durch Artikel 6 des Gesetzes zur weiteren Stärkung der Unabhängigkeit der oder des Hamburgischen Beauftragten für Datenschutz und Informationsfreiheit vom 20. Dezember 2016 (HmbGVBl. S. 570, 572).

§ 46
Zuwendungen, Bewirtschaftung von Ermächtigungen und Verwaltung von Vermögensgegenständen

(1)[27] Zuwendungen sind Auszahlungen an Stellen außerhalb der Verwaltung zur Erfüllung bestimmter Zwecke. Sie dürfen nur gewährt werden, wenn die Freie und Hansestadt Hamburg an der Erfüllung durch solche Stellen ein erhebliches Interesse hat, das ohne die Zuwendungen nicht oder nicht im notwendigen Umfang befriedigt werden kann. Dabei ist zu bestimmen, wie die zweckentsprechende Verwendung der Zuwendungen nachzuweisen ist. Außerdem ist ein Prüfungsrecht der zuständigen Behörde oder ihrer Beauftragten festzulegen. Verwaltungsvorschriften, welche die Regelung des Verwendungsnachweises und die Prüfung durch den Rechnungshof (§ 84) betreffen, werden im Einvernehmen mit dem Rechnungshof erlassen.

(2) Sollen Ermächtigungen oder Vermögensgegenstände der Freien und Hansestadt Hamburg von Stellen außerhalb der Verwaltung bewirtschaftet beziehungsweise verwaltet werden, ist Absatz 1 entsprechend anzuwenden.

§ 47
Sachliche und zeitliche Bindung, leistungsbezogene Bewirtschaftung

(1) Ermächtigungen, Kosten zu verursachen, dürfen nur zur Erfüllung des für die jeweilige Produktgruppe im Haushaltsplan bezeichneten Leistungszwecks in Anspruch genommen werden. Auszahlungen für Investitionen und Darlehen dürfen nur zur Erfüllung der für den jeweiligen Aufgabenbereich im Haushaltsplan bezeichneten Investitions- oder Darlehenszwecke geleistet werden. Dies gilt, soweit und solange sie jeweils fortdauern, und nur bis zum Ende des Haushaltsjahres. Die Sätze 1 bis 3 sind für die jeweiligen Verpflichtungsermächtigungen entsprechend anzuwenden. Verwendungsauflagen nach § 22 sind zu beachten. Nicht in Anspruch genommene Verpflichtungsermächtigungen gelten, wenn der Haushaltsplan für das nächste Haushaltsjahr nicht rechtzeitig festgestellt wird, bis zur Feststellung dieses Haushaltsplans.

(2)[28] Soweit Ermächtigungen übertragbar und nicht in Anspruch genommen worden sind, können sie mit Einwilligung der für die Finanzen zuständigen Behörde bis zum zweitnächsten Haushaltsjahr übertragen werden. Ermächtigungen, Auszahlungen für Investitionen zu leisten, können bis zum zweiten auf die Aktivierung des Anlagevermögens nachfolgenden Haushaltsjahr übertragen werden. In besonders begründeten Fällen kann die für die Finanzen zuständige Behörde auch eine darüber hinausgehende Übertragung zulassen. Soweit auf Grund einer Ermächtigung, Kosten zu verursachen, bewegliche Sachen beschafft wurden, die im Jahresabschluss als Umlaufvermögen zu aktivieren sind, darf die Ermäch-

---

27 § 46 Absatz 1 geändert durch das Gesetz zur Anpassung haushaltsrechtlicher Vorschriften vom 4. April 2017 (HmbGVBl. S. 92).
28 § 47 Absatz 2 geändert durch das Gesetz zur Anpassung haushaltsrechtlicher Vorschriften vom 4. April 2017 (HmbGVBl. S. 92).

tigung nur unter der Auflage übertragen werden, dass sie für den Verbrauch des Umlaufvermögens in Anspruch genommen wird. Ist die Ermächtigung nicht übertragbar, kann die für die Finanzen zuständige Behörde die Übertragbarkeit insoweit zulassen. Darüber hinaus darf die für die Finanzen zuständige Behörde in besonders begründeten Einzelfällen die Übertragbarkeit von Ermächtigungen, Kosten zu verursachen, zulassen, soweit die Kosten für bereits bewilligte Maßnahmen erst im folgenden Haushaltsjahr entstehen.

(3)[29] Soweit eine Ermächtigung, Kosten zu verursachen, überschritten wird, ist der Fehlbetrag mit Einwilligung der für die Finanzen zuständigen Behörde auf das nachfolgende Haushaltsjahr vorzutragen. Dies gilt entsprechend für die Ermächtigungen, Auszahlungen für Investitionen und Darlehen zu leisten, sowie für den Fall, dass Mindererlöse und Mindereinzahlungen nicht durch Minderkosten beziehungsweise Minderauszahlungen gedeckt werden können. Ein Fehlbetrag ist nicht vorzutragen, soweit die Bürgerschaft über- oder außerplanmäßige Kosten oder Auszahlungen für Investitionen oder Darlehen bewilligt oder genehmigt hat und für Deckung im abgelaufenen Haushaltsjahr gesorgt ist.

§ 48
Deckungsfähigkeit

(1) Deckungsfähige Ermächtigungen dürfen, solange sie verfügbar sind, nach Maßgabe der Regelung im Haushaltsplan zugunsten anderer Ermächtigungen verwendet werden. Die für die Finanzen zuständige Behörde kann die Inanspruchnahme der Deckungsfähigkeit von ihrer Einwilligung abhängig machen.

(2) Die Inanspruchnahme einer Deckungsfähigkeit nach Absatz 1 darf die Erfüllung des Leistungszwecks der abgebenden Produktgruppe nicht gefährden. Dies gilt für die Investitions- und Darlehenszwecke des abgebenden Aufgabenbereichs entsprechend.

§ 49
(aufgehoben)[30]

§ 50
Übergang von Aufgaben und Planstellen[31]

(1)[31] Erlöse, Kosten, Einzahlungen und Auszahlungen, Verpflichtungsermächtigungen sowie Planstellen können mit Einwilligung der für die Finanzen zuständigen Behörde umgesetzt werden, wenn Aufgaben auf eine andere Verwaltung

---

29   § 47 Absatz 3 Satz 3 angefügt durch das Gesetz zur Anpassung haushaltsrechtlicher Vorschriften vom 4. April 2017 (HmbGVBl. S. 92).
30   § 49 aufgehoben durch das Gesetz zur Anpassung haushaltsrechtlicher Vorschriften vom 4. April 2017 (HmbGVBl. S. 92).
31   In § 50 Überschrift und Absatz 1 geändert durch das Gesetz zur Anpassung haushaltsrechtlicher Vorschriften vom 4. April 2017 (HmbGVBl. S. 92).

übergehen. Die Umsetzung von Erlösen und Kosten darf keine Auswirkungen auf die Leistungszwecke der abgebenden und der aufnehmenden Produktgruppe haben.

(2) Eine Planstelle darf mit Einwilligung der für die Finanzen zuständigen Behörde in eine andere Verwaltung umgesetzt werden, wenn dort ein unvorhergesehener und unabweisbarer vordringlicher Personalbedarf besteht. Über den weiteren Verbleib der Planstelle ist im nächsten Haushaltsplan zu bestimmen.

(3) Bei Abordnungen können mit Einwilligung der für die Finanzen zuständigen Behörde die Personalkosten für abgeordnete Beamtinnen und Beamte von der abordnenden Verwaltung weiter getragen werden. Das Nähere regelt die für die Finanzen zuständige Behörde.

(4) Die Absätze 1 bis 3 gelten für andere Stellen als Planstellen entsprechend.

§ 51
Wegfall- und Umwandlungsvermerke

(1) Über Planstellen, die der Haushaltsplan als „künftig wegfallend" bezeichnet, darf von dem Zeitpunkt an, mit dem die Voraussetzung für den Wegfall erfüllt ist, nicht mehr verfügt werden.

(2) Ist eine Planstelle ohne nähere Angabe als „künftig wegfallend" bezeichnet, darf die nächste frei werdende Planstelle derselben Besoldungsgruppe für Beamtinnen oder Beamte derselben Fachrichtung nicht wieder besetzt werden.

(3) Ist eine Planstelle als „künftig umzuwandeln" bezeichnet, gilt sie von dem Zeitpunkt an, mit dem die im Stellenplan bezeichnete Voraussetzung erfüllt ist, als in die Stelle umgewandelt, die im Umwandlungsvermerk angegeben ist.

(4) Ist eine Planstelle ohne Bestimmung der Voraussetzungen als „künftig umzuwandeln" bezeichnet, gilt die nächste frei werdende Planstelle derselben Besoldungsgruppe für Beamtinnen oder Beamte derselben Fachrichtung im Zeitpunkt ihres Freiwerdens als in die Stelle umgewandelt, die in dem Umwandlungsvermerk angegeben ist.

(5) Die Absätze 1 bis 4 gelten für andere Stellen als Planstellen entsprechend. Die Vermerke sind im Stellenplan nachrichtlich auszuweisen.

§ 52
Personalwirtschaftliche Grundsätze

(1) Ein Amt darf nur zusammen mit der Einweisung in eine besetzbare Planstelle verliehen werden.

(2) Wer als Beamtin oder Beamter befördert wird, kann mit Wirkung vom Ersten des Monats, in dem die Ernennung wirksam geworden ist, in die entsprechende, zu diesem Zeitpunkt besetzbare Planstelle eingewiesen werden. Sie oder er kann

mit Rückwirkung von höchstens drei Monaten, zum Ersten eines Monats, in eine besetzbare Planstelle eingewiesen werden, wenn sie oder er während dieser Zeit die Obliegenheiten dieses oder eines gleichwertigen Amtes wahrgenommen und die beamtenrechtlichen Voraussetzungen für die Beförderung erfüllt hat.

(3) Sind Planstellen mit Beamtinnen oder Beamten besetzt, die mit ermäßigter regelmäßiger Arbeitszeit teilzeitbeschäftigt sind, können die nicht ausgenutzten Anteile dieser Planstellen mit weiteren Beamtinnen oder Beamten besetzt werden. Zusammengefasste Planstellenanteile unterschiedlicher Wertigkeit dürfen nur mit Beamtinnen oder Beamten besetzt werden, deren Besoldungsgruppe nicht über dem Planstellenanteil mit der niedrigsten Wertigkeit liegt.

§ 53
Leerstellen

(1)[32] Wird eine planmäßige Beamtin oder ein planmäßiger Beamter für mindestens sechs Monate ohne Dienstbezüge

1. zu einem anderen Dienstherrn,

2. zur Verwendung im öffentlichen Dienst einer zwischen- oder überstaatlichen Einrichtung,

3. zur Verwendung für Aufgaben der Entwicklungshilfe,

4. zur Verwendung an einer deutschen Schule im Ausland,

5. zur Übernahme einer Tätigkeit, für die das Vorliegen öffentlicher Belange anerkannt ist,

6. nach § 63, § 64 oder § 68 des Hamburgischen Beamtengesetzes vom 15. Dezember 2009 (HmbGVBl. S. 405), zuletzt geändert am 19. Dezember 2019 (HmbGVBl. S. 527), in der jeweils geltenden Fassung oder

7. nach § 1 der Hamburgischen Elternzeitverordnung vom 7. Dezember 1999 (HmbGVBl. S. 279, 283), zuletzt geändert am 15. Dezember 2015 (HmbGVBl. 2015 S. 370, 2016 S. 38), in der jeweils geltenden Fassung

beurlaubt, abgeordnet, von der bisherigen dienstlichen Tätigkeit freigestellt oder wird ihr oder ihm nach § 20 des Beamtenstatusgesetzes vom 17. Juni 2008 (BGBl. I S. 1010), geändert am 5. Februar 2009 (BGBl. I S. 160, 262), in der jeweils geltenden Fassung eine Tätigkeit bei einer anderen Einrichtung zugewiesen und besteht ein unabweisbares Bedürfnis, die Planstelle neu zu besetzen, so kann der Senat im Einzelplan des zuständigen Verwaltungszweiges Leerstellen entsprechend der Amtsbezeichnung und Besoldungsgruppe der beurlaubten, abgeordneten, freigestellten oder zugewiesenen Beamtinnen oder Beamten ausbringen.

---

32   § 53 Absatz 1 geändert durch das Gesetz zur Anpassung haushaltsrechtlicher Vorschriften vom 4. April 2017 (HmbGVBl. S. 92). § 53 Absatz 1 Nr. 6 neu gefasst durch das Gesetz zur Weiterentwicklung des digitalen Finanzmanagements in Hamburg und zur Änderung haushaltsrechtlicher Vorschriften vom 27. April 2021 (HmbGVBl. S. 283, 284).

(2)[33] Endet die Beurlaubung, Abordnung, Freistellung von der bisherigen dienstlichen Tätigkeit oder Zuweisung einer Tätigkeit bei einer anderen Einrichtung, ist die Beamtin oder der Beamte entsprechend ihrer oder seiner Fachrichtung und ihrer oder seiner Stellengruppe in eine freie oder in die nächste frei werdende Planstelle des zuständigen Verwaltungszweiges einzuweisen; bis zu diesem Zeitpunkt ist sie oder er in der Leerstelle weiterzuführen. In den Fällen des Absatzes 1 Satz 1 Nummern 6 und 7 ist eine Wiederverwendung vor Ablauf der im Einzelfall festgelegten Beurlaubungszeit nur zulässig, wenn eine freie Planstelle zur Verfügung steht.

(3)[34] Absatz 1 gilt entsprechend für planmäßige Beamtinnen und planmäßige Beamte, deren Rechte und Pflichten aus dem Dienstverhältnis für die Dauer der Mitgliedschaft im Deutschen Bundestag nach § 5 des Abgeordnetengesetzes in der Fassung vom 21. Februar 1996 (BGBl. I S. 327), zuletzt geändert am 11. Juli 2014 (BGBl. I S. 906), in der jeweils geltenden Fassung oder im Europäischen Parlament nach § 8 des Europaabgeordnetengesetzes vom 6. April 1979 (BGBl. I S. 413), zuletzt geändert am 11. Juli 2014 (BGBl. I S. 906, 907), in der jeweils geltenden Fassung ruhen. Absatz 2 Satz 1 gilt entsprechend, wenn die Beamtin oder der Beamte nach § 6 des Abgeordnetengesetzes oder nach § 8 des Europaabgeordnetengesetzes die Rückführung in das frühere Dienstverhältnis beantragt.

(4)[35] Die nach den Absätzen 1 und 3 ausgebrachten Leerstellen sind im nächsten Stellenplan auszuweisen.

§ 54
Besondere Personalkosten

Personalkosten, die nicht auf Gesetz oder Tarifvertrag beruhen, dürfen nur verursacht werden, wenn die Verwaltung hierzu besonders ermächtigt wurde.

§ 55
Nutzungen und Sachbezüge

Nutzungen und Sachbezüge dürfen Angehörigen des öffentlichen Dienstes nur gegen angemessenes Entgelt gewährt werden, soweit nicht durch Gesetz oder Tarifvertrag oder im Haushaltsplan etwas anderes bestimmt ist. Der Senat kann für die Benutzung von Dienstfahrzeugen Ausnahmen zulassen. Das Nähere für die Zuweisung, Nutzung, Verwaltung und Festsetzung des Nutzungswertes von Dienstwohnungen regelt die für die Finanzen zuständige Behörde.

---

33   § 53 Absatz 2 geändert durch das Gesetz zur Anpassung haushaltsrechtlicher Vorschriften vom 4. April 2017 (HmbGVBl. S. 92).
34   § 53 Absatz 3 eingefügt durch das Gesetz zur Anpassung haushaltsrechtlicher Vorschriften vom 4. April 2017 (HmbGVBl. S. 92).
35   § 53 Absatz 4 geändert durch das Gesetz zur Anpassung haushaltsrechtlicher Vorschriften vom 4. April 2017 (HmbGVBl. S. 92).

§ 56
Billigkeitsleistungen

Leistungen aus Gründen der Billigkeit dürfen nur gewährt werden, wenn der Haushaltsplan dazu ermächtigt, entsprechende Kosten zu verursachen.

§ 57
Investitionen, Baumaßnahmen[36]

(1) Investitionsmaßnahmen sind ausreichende Unterlagen zugrunde zu legen. Baumaßnahmen dürfen, unabhängig davon, ob deren Kosten aktiviert werden können, nur begonnen werden, wenn ausführliche Entwurfzeichnungen und Kostenberechnungen vorliegen. Die für die Finanzen zuständige Behörde kann Ausnahmen zulassen. Von den in § 18 Absatz 3 bezeichneten Unterlagen darf nur insoweit abgewichen werden, als die Änderung nicht erheblich ist. Ausnahmen bedürfen der Einwilligung der für die Finanzen zuständigen Behörde.

(2) Ermächtigungen, Auszahlungen für Investitionen zu leisten, dürfen erst in Anspruch genommen werden, wenn die nach § 9 Absatz 2 für den betreffenden Aufgabenbereich verantwortliche Person festgestellt hat, dass die fachliche Verantwortung und die Trägerschaft für die spätere Nutzung sowie die Finanzierung der Folgekosten der Investition geregelt sind. Sie bleibt bis zur Übernahme der fachlichen Verantwortung durch einen anderen Aufgabenbereich für die Finanzierung der Folgekosten verantwortlich.

§ 58
Öffentliche Ausschreibung

(1)[37] Dem Abschluss von Verträgen über Lieferungen und Leistungen muss eine Öffentliche Ausschreibung oder eine Beschränkte Ausschreibung mit Teilnahmewettbewerb vorausgehen, sofern nicht die Natur des Geschäfts oder besondere Umstände eine Ausnahme rechtfertigen. Teilnahmewettbewerb ist ein Verfahren, bei dem der öffentliche Auftraggeber nach vorheriger öffentlicher Aufforderung zur Teilnahme eine beschränkte Anzahl von geeigneten Unternehmen nach objektiven, transparenten und nichtdiskriminierenden Kriterien auswählt und zur Abgabe von Angeboten auffordert.

(2) Beim Abschluss von Verträgen soll nach einheitlichen Richtlinien verfahren werden.

---

36 In § 57 Überschrift geändert, Absatz 1 neu gefasst und frühere Absätze 2 und 3 aufgehoben durch das Gesetz zur Anpassung haushaltsrechtlicher Vorschriften vom 4. April 2017 (HmbGVBl. S. 92). Früherer Absatz 4 ist jetzt Absatz 2.
37 § 58 Absatz 1 neu gefasst durch das Zweite Gesetz zur Änderung der Landeshaushaltsordnung vom 18. Juli 2017 (HmbGVBl. S. 222).

§ 59
Vorleistungen

(1) Leistungen der Freien und Hansestadt Hamburg vor Empfang der Gegenleistung (Vorleistungen) dürfen nur vereinbart oder bewirkt werden, wenn dies allgemein üblich oder durch besondere Umstände gerechtfertigt ist.

(2) Werden Zahlungen vor Fälligkeit an die Freie und Hansestadt Hamburg entrichtet, kann mit Einwilligung der für die Finanzen zuständigen Behörde ein angemessener Abzug gewährt werden.

§ 60
Verträge mit Angehörigen des öffentlichen Dienstes

Zwischen Angehörigen des öffentlichen Dienstes und ihrer Dienststelle dürfen Verträge nur mit Einwilligung der Behördenleitung abgeschlossen werden. Diese Befugnis kann die Behördenleitung auf nachgeordnete Dienststellen übertragen. Satz 1 gilt nicht bei öffentlichen Ausschreibungen und Versteigerungen sowie in Fällen, für die allgemein Entgelte festgesetzt sind.

§ 61
Änderung von Verträgen, Vergleiche

(1) Verträge dürfen zum Nachteil der Freien und Hansestadt Hamburg nur in besonders begründeten Ausnahmefällen aufgehoben oder geändert werden. Vergleiche dürfen nur abgeschlossen werden, wenn dies zweckmäßig und wirtschaftlich ist.

(2) Maßnahmen nach Absatz 1 bedürfen der Einwilligung der für die Finanzen zuständigen Behörde, soweit sie nicht darauf verzichtet.

§ 62
Veränderung von Forderungen[38]

(1)[38] Forderungen dürfen nur

1. gestundet werden, wenn die sofortige Einziehung mit erheblichen Härten für die Schuldnerin oder den Schuldner verbunden wäre und die Forderung durch die Stundung nicht gefährdet wird; die Stundung soll gegen angemessene Verzinsung und in der Regel nur gegen Sicherheitsleistung gewährt werden,

2. niedergeschlagen werden, wenn feststeht, dass die Einziehung keinen Erfolg haben wird, oder wenn die Kosten der Einziehung außer Verhältnis zur Höhe der Forderung stehen,

3. erlassen werden, wenn die Einziehung nach Lage des einzelnen Falles für die Schuldnerin oder den Schuldner eine besondere Härte bedeuten würde; das

---

38 In § 62 Überschrift und Absatz 1 geändert durch das Gesetz zur Anpassung haushaltsrechtlicher Vorschriften vom 4. April 2017 (HmbGVBl. S. 92).

Gleiche gilt für die Erstattung oder Anrechnung von geleisteten Beträgen und für die Freigabe von Sicherheiten.

(2) Maßnahmen nach Absatz 1 bedürfen der Einwilligung der für die Finanzen zuständigen Behörde, soweit sie nicht darauf verzichtet.

(3) Andere Regelungen in Rechtsvorschriften bleiben unberührt.

§ 63
Erwerb und Veräußerung von Vermögensgegenständen

(1) Vermögensgegenstände dürfen nur erworben werden, soweit sie zur Erfüllung der staatlichen Aufgaben in absehbarer Zeit erforderlich sind. Dies gilt nicht für Grundstücke und Beteiligungen.

(2) Vermögensgegenstände dürfen nur veräußert werden, wenn sie zur Erfüllung der staatlichen Aufgaben in absehbarer Zeit nicht benötigt werden oder eine Nutzung der Vermögensgegenstände auch nach Veräußerung gesichert werden kann und dadurch die Aufgaben der Freien und Hansestadt Hamburg wirtschaftlicher erfüllt werden können.

(3) Vermögensgegenstände dürfen nur zum Verkehrswert veräußert werden. Ausnahmen können im Haushaltsplan, durch Gesetz, auf Grund eines Gesetzes oder im Einzelfall mit Zustimmung der Bürgerschaft zugelassen werden.

(4) Ist der Wert gering oder besteht ein dringendes staatliches Interesse, so kann die für die Finanzen zuständige Behörde bei Gegenständen, deren Veräußerung zum regelmäßigen Gang der Verwaltung gehört, Ausnahmen zulassen.

(5) Für die Überlassung der Nutzung eines Vermögensgegenstandes gelten die Absätze 2 bis 4 entsprechend.

§ 64
Grundstücke

(1) Grundstücke dürfen nur mit Einwilligung der für die Finanzen zuständigen Behörde erworben oder veräußert werden.

(2) Für zu erwerbende oder zu veräußernde Grundstücke ist eine Wertermittlung aufzustellen.

(3) Dingliche Rechte an Grundstücken sollen nur gegen angemessenes Entgelt bestellt werden. Werden im Rahmen der Veräußerung von Grundstücken oder Erbbaurechten Grundpfandrechte bestellt, kann von einer Entgelterhebung abgesehen werden. Die Bestellung bedarf der Einwilligung der für die Finanzen zuständigen Behörde.

(4) Beim Erwerb von Grundstücken können Hypotheken, Grund- und Rentenschulden unter Anrechnung auf den Kaufpreis übernommen werden.

§ 65
Beteiligung an privatrechtlichen Unternehmen

(1) Die Freie und Hansestadt Hamburg soll sich, außer in den Fällen des Absatzes 4, an der Gründung eines Unternehmens in einer Rechtsform des privaten Rechts oder an einem bestehenden Unternehmen in einer solchen Rechtsform nur beteiligen, wenn

1. ein wichtiges staatliches Interesse vorliegt und sich der angestrebte Zweck nicht besser und wirtschaftlicher auf andere Weise erreichen lässt,

2. ihre Einzahlungsverpflichtung auf einen bestimmten Betrag begrenzt ist,

3. ihr ein angemessener Einfluss, insbesondere im Aufsichtsrat oder in einem entsprechenden Überwachungsorgan, eingeräumt wird und

4. gewährleistet ist, dass der Jahresabschluss und der Lagebericht, soweit nicht weitergehende gesetzliche Vorschriften gelten oder andere gesetzliche Vorschriften entgegenstehen, in entsprechender Anwendung der Vorschriften des Dritten Buchs des Handelsgesetzbuchs für große Kapitalgesellschaften aufgestellt und geprüft werden.

(2) Bevor die Freie und Hansestadt Hamburg Anteile an einem Unternehmen erwirbt, ihre Beteiligung erhöht oder sie ganz oder zum Teil veräußert, ist die Einwilligung der für die Finanzen zuständigen Behörde einzuholen. Entsprechendes gilt bei Änderung des Nennkapitals oder des Gegenstandes des Unternehmens oder bei einer Änderung des staatlichen Einflusses.

(3) Die zuständige Behörde soll darauf hinwirken, dass ein Unternehmen, an dem die Freie und Hansestadt Hamburg unmittelbar oder mittelbar mit Mehrheit beteiligt ist, nur mit ihrer Zustimmung eine Beteiligung von mehr als dem fünften Teil der Anteile eines anderen Unternehmens erwirbt, eine solche Beteiligung erhöht oder sie ganz oder zum Teil veräußert. Die Grundsätze des Absatzes 1 Nummern 3 und 4 sowie des Absatzes 2 Satz 2 gelten entsprechend.

(4) An einer Genossenschaft soll sich die Freie und Hansestadt Hamburg nur beteiligen, wenn die Haftpflicht der Mitglieder für die Verbindlichkeiten der Genossenschaft dieser gegenüber im Voraus auf eine bestimmte Summe beschränkt ist.

(5)[39] Die zuständige Behörde soll darauf hinwirken, dass in Unternehmen, an denen die Freie und Hansestadt Hamburg unmittelbar oder mittelbar mit Mehrheit beteiligt ist, einheitliche Bilanzierungs- und Bewertungsstandards zugrunde gelegt werden, die von der für die Finanzen zuständigen Behörde erarbeitet werden.

(6) Die auf Veranlassung der Freien und Hansestadt Hamburg gewählten oder entsandten Mitglieder der Aufsichtsorgane der Unternehmen haben bei ihrer Tätigkeit auch die besonderen Interessen der Freien und Hansestadt Hamburg zu

---

39   § 65 Absatz 5 geändert durch das Gesetz zur Anpassung haushaltsrechtlicher Vorschriften vom 4. April 2017 (HmbGVBl. S. 92).

berücksichtigen und die zur Wahrnehmung der Aufgabe der Beteiligungsverwaltung erforderlichen Berichte der zuständigen Behörde zu erstatten.

§ 66
Unmittelbare Unterrichtung des Rechnungshofs bei Mehrheitsbeteiligungen

Besteht eine Mehrheitsbeteiligung im Sinne des § 53 des Haushaltsgrundsätzegesetzes, so hat die zuständige Behörde darauf hinzuwirken, dass dem Rechnungshof die in § 54 des Haushaltsgrundsätzegesetzes bestimmten Befugnisse eingeräumt werden.

§ 67
Prüfungsrecht durch Vereinbarung

Besteht keine Mehrheitsbeteiligung im Sinne des § 53 des Haushaltsgrundsätzegesetzes, so soll die zuständige Behörde, soweit das staatliche Interesse dies erfordert, bei Unternehmen, die nicht Aktiengesellschaften, Kommanditgesellschaften auf Aktien oder Genossenschaften sind, darauf hinwirken, dass der Freien und Hansestadt Hamburg in der Satzung oder im Gesellschaftsvertrag die Befugnisse nach den §§ 53 und 54 des Haushaltsgrundsätzegesetzes eingeräumt werden. Bei mittelbaren Beteiligungen gilt dies nur, wenn die Beteiligung den fünften Teil der Anteile übersteigt und einem Unternehmen zusteht, an dem die Freie und Hansestadt Hamburg allein oder zusammen mit anderen Gebietskörperschaften mit Mehrheit im Sinne des § 53 des Haushaltsgrundsätzegesetzes beteiligt ist.

§ 68
Rechte gegenüber privatrechtlichen Unternehmen

(1) Die Rechte nach § 53 Absatz 1 des Haushaltsgrundsätzegesetzes übt die für die Beteiligung zuständige Behörde aus. Bei der Wahl oder Bestellung der Prüferinnen und Prüfer nach § 53 Absatz 1 Nummer 1 des Haushaltsgrundsätzegesetzes übt die für die Finanzen zuständige Behörde die Rechte der Freien und Hansestadt Hamburg im Einvernehmen mit dem Rechnungshof aus.

(2) Ein Verzicht auf die Ausübung der Rechte des § 53 Absatz 1 des Haushaltsgrundsätzegesetzes kann nur im Einvernehmen mit dem Rechnungshof erklärt werden.

§ 69
Übersendung von Prüfungsberichten und anderen Unterlagen
an den Rechnungshof

(1) Die für die Beteiligung zuständige Behörde übersendet dem Rechnungshof innerhalb von drei Monaten nach der Haupt- oder Gesellschaftsversammlung, die den Jahresabschluss für das abgelaufene Geschäftsjahr entgegennimmt oder festzustellen hat,

1. die Unterlagen, die der Freien und Hansestadt Hamburg als Aktionärin oder Gesellschafterin zugänglich sind,

2. die Berichte, welche die auf ihre Veranlassung gewählten oder entsandten Mitglieder des Überwachungsorgans unter Beifügung aller ihnen über das Unternehmen zur Verfügung stehenden Unterlagen zu erstatten haben, und

3. die ihr nach § 53 des Haushaltsgrundsätzegesetzes und nach § 67 zu übersendenden Prüfungsberichte.

Sie teilt dabei das Ergebnis ihrer Prüfung mit.

(2) Der Rechnungshof kann auf die Übersendung der Unterlagen nach Absatz 1 verzichten.

TEIL IV
Buchführung, Zahlungen, Berichtswesen und Rechnungslegung[40]

§ 70
Buchführung[41]

(1) Die für die Finanzen zuständige Behörde trägt die Gesamtverantwortung für die Buchführung und das interne Kontrollsystem. § 36 bleibt unberührt. Sie entscheidet über die Einrichtung der Bücher.

(2) Eine Eintragung eines Geschäftsvorfalls in die Bücher (Buchung) darf nur nach vorheriger Anordnung der zuständigen Behörde oder der von ihr ermächtigten Stelle vorgenommen werden. Die für die Finanzen zuständige Behörde kann Ausnahmen zulassen.

(3) Die für die Finanzen zuständige Behörde regelt

1. die Einrichtung und den Zuständigkeitsbereich der für Buchungen zuständigen Stellen,

2. das Verfahren der Anordnung und der Buchführung sowie

3. im Einvernehmen mit dem Rechnungshof den Nachweis der Buchungen.

Sie kann im Einvernehmen mit dem Rechnungshof Vereinfachungen für die Buchführung und den Nachweis der Buchungen allgemein und im Einzelfall anordnen oder zulassen. Die Regelungen und die Vereinfachungen müssen den Schutz des Staatsvermögens vor unzulässigen Eingriffen sowie die Zuverlässigkeit, Vollständigkeit und Revisionsfähigkeit der Rechnungslegung gewährleisten.

---

40 Überschrift des Teils IV geändert durch das Gesetz zur Weiterentwicklung des digitalen Finanzmanagements in Hamburg und zur Änderung haushaltsrechtlicher Vorschriften vom 27. April 2021 (HmbGVBl. S. 283, 284).

41 § 70 neu gefasst durch das Gesetz zur Weiterentwicklung des digitalen Finanzmanagements in Hamburg und zur Änderung haushaltsrechtlicher Vorschriften vom 27. April 2021 (HmbGVBl. S. 283, 284).

(4) Alle Erlöse, Kosten, Bestände, Einzahlungen und Auszahlungen sind auf Konten zu buchen, die nach den Verwaltungsvorschriften über die Gruppierung der Erlöse, Kosten, Bestände, Einzahlungen und Auszahlungen einzurichten sind.

(5) Die Bücher sind monatlich abzuschließen. Die für die Finanzen zuständige Behörde bestimmt den Zeitpunkt des Abschlusses. Nach dem Abschluss der Bücher darf für den abgelaufenen Zeitraum nicht mehr gebucht werden.

§ 71
Zahlungen[42]

(1) Zahlungen dürfen nur von Kassen und Zahlstellen angenommen und geleistet werden.

(2) Kassen der Freien und Hansestadt Hamburg sind nach dem Grundsatz der Einheitskassen aufgebaut. Die Landeshauptkasse nimmt die Aufgaben der Zentralkasse wahr.

(3) Die für die Finanzen zuständige Behörde regelt

1. die Einrichtung und den Zuständigkeitsbereich der Kassen und Zahlstellen im Benehmen mit der Behörde, bei der diese eingerichtet werden sollen, sowie

2. das Verwaltungsverfahren im Zusammenhang mit Zahlungen.

§ 72
Funktionentrennung[43]

Wer Anordnungen im Sinne des § 70 Absatz 2 trifft oder an ihnen verantwortlich mitwirkt, darf an Buchungen oder Zahlungen nicht beteiligt sein. Niemand darf gleichzeitig an Buchungen und Zahlungen beteiligt sein. Die für die Finanzen zuständige Behörde kann Ausnahmen zulassen, wenn der Schutz des Staatsvermögens vor unzulässigen Eingriffen sowie die Zuverlässigkeit, Vollständigkeit und Revisionsfähigkeit der Rechnungslegung auf andere Weise gewährleistet bleiben.

§ 73
Unvermutete Prüfungen[44]

Kassen und Zahlstellen sind mindestens jährlich, für die Verwaltung von Vorräten zuständige Stellen mindestens alle zwei Jahre unvermutet zu prüfen. Die für die Finanzen zuständige Behörde kann Ausnahmen zulassen.

42 § 71 neu gefasst durch das Gesetz zur Weiterentwicklung des digitalen Finanzmanagements in Hamburg und zur Änderung haushaltsrechtlicher Vorschriften vom 27. April 2021 (HmbGVBl. S. 283, 284).

43 § 72 neu gefasst durch das Gesetz zur Weiterentwicklung des digitalen Finanzmanagements in Hamburg und zur Änderung haushaltsrechtlicher Vorschriften vom 27. April 2021 (HmbGVBl. S. 283, 284).

44 § 73 neu gefasst durch das Gesetz zur Weiterentwicklung des digitalen Finanzmanagements in Hamburg und zur Änderung haushaltsrechtlicher Vorschriften vom 27. April 2021 (HmbGVBl. S. 283, 284).

§ 74
IT-Verfahren[45]

(1) Verfahren der Informationstechnik (IT) für

1. elektronische Anordnungen,

2. Buchungen,

3. Zahlungen,

4. Aufbewahrung von Nachweisen der Buchungen,

5. Geldverwaltung oder

6. Abschlüsse

dürfen nur eingesetzt werden, wenn sie von der für die Finanzen zuständigen Behörde zugelassen wurden. Diese kann im Einvernehmen mit dem Rechnungshof auf das Zulassungserfordernis verzichten. Der Schutz des Staatsvermögens vor unzulässigen Eingriffen sowie die Zuverlässigkeit, Vollständigkeit und Revisionsfähigkeit der Rechnungslegung sind zu gewährleisten.

(2) Die für die Finanzen zuständige Behörde stellt die IT-Verfahren zur Verfügung, die für das Haushalts-, Kassen- und Rechnungswesen der Freien und Hansestadt Hamburg notwendig sind. Sie kann technische Hilfstätigkeiten durch andere Verwaltungsträger verrichten lassen. Technische Hilfstätigkeiten sind insbesondere Rechenzentrumsleistungen, die Erstellung, Anpassung und Pflege von Software, technisches Monitoring, technische Analyse von Fehlern und auf diese Tätigkeiten bezogene Beratungsleistungen. Die technischen Hilfstätigkeiten des beauftragten Verwaltungsträgers sind der Freien und Hansestadt Hamburg zuzurechnen. Es ist sicherzustellen, dass die technischen Hilfstätigkeiten entsprechend den fachlichen Weisungen der für die Finanzen zuständigen Behörde verrichtet werden.

§ 75
Berichtswesen[46]

Die Behörden haben der für die Finanzen zuständigen Behörde regelmäßig über die Entwicklung der Aufgabenbereiche schriftlich zu berichten. Die für die Finanzen zuständige Behörde kann die Berichte im Benehmen mit den beteiligten Behörden ändern und ergänzen; ihr sind die erforderlichen Auskünfte zu erteilen. Sie fasst die Berichte der einzelnen Behörden zu den Berichten nach § 10 Absatz 3 zusammen. Abweichungen von den Berichten der Präsidentin oder des Präsidenten der Bürgerschaft, des Verfassungsgerichts und des Rech-

---

45   § 74 neu gefasst durch das Gesetz zur Weiterentwicklung des digitalen Finanzmanagements in Hamburg und zur Änderung haushaltsrechtlicher Vorschriften vom 27. April 2021 (HmbGVBl. S. 283, 284).

46   § 75 Satz 4 ergänzt durch Artikel 6 des Gesetzes zur weiteren Stärkung der Unabhängigkeit der oder des Hamburgischen Beauftragten für Datenschutz und Informationsfreiheit vom 20. Dezember 2016 (HmbGVBl. S. 570, 572).

nungshofs sowie der oder des Hamburgischen Beauftragten für Datenschutz und Informationsfreiheit sind von der für die Finanzen zuständigen Behörde dem Senat mitzuteilen, soweit den Änderungen nicht zugestimmt worden ist.

§ 76
Rechnungslegung

(1) Für jedes Haushaltsjahr ist auf der Grundlage der abgeschlossenen Bücher Rechnung zu legen. Die für die Finanzen zuständige Behörde kann im Einvernehmen mit dem Rechnungshof bestimmen, dass für einen anderen Zeitraum Rechnung zu legen ist.

(2) Auf der Grundlage der abgeschlossenen Bücher stellt die für die Finanzen zuständige Behörde für jedes Haushaltsjahr die Haushaltsrechnung und die Konzernrechnung auf.

§ 77
Bestandteile und Gliederung der Haushaltsrechnung

(1) Die Haushaltsrechnung besteht aus den Abrechnungen der Teilpläne, der Einzelpläne und des Gesamtplans sowie aus dem Lagebericht.

(2) Die Abrechnung eines Teilplans enthält

1. die Ergebnisrechnungen der Produktgruppen, in denen jeweils die erzielten Erlöse und entstandenen Kosten sowie Art und Umfang der erbrachten Leistungen abgerechnet werden,

2. für die Investitionen und Darlehen die jeweils erhaltenen Einzahlungen und geleisteten Auszahlungen,

3. eine Ergebnisrechnung, in der die erzielten Erlöse und entstandenen Kosten aller Produktgruppen des Aufgabenbereichs zusammenzufassen sind (Ergebnisrechnung des Aufgabenbereichs) sowie

4. eine doppische Finanzrechnung, in der die erhaltenen Einzahlungen und geleisteten Auszahlungen für den Aufgabenbereich abgerechnet werden (doppische Finanzrechnung des Aufgabenbereichs).

(3) Die Abrechnung eines Einzelplans enthält

1. die Ergebnisrechnung des Verwaltungszweigs und

2. die doppische Finanzrechnung des Verwaltungszweigs.

(4) Die Abrechnung des Gesamtplans (Jahresabschluss) enthält

1. die Ergebnisrechnung der Freien und Hansestadt Hamburg (Gesamtergebnisrechnung),

2. die doppische Finanzrechnung der Freien und Hansestadt Hamburg (doppische Gesamtfinanzrechnung),

3. die Bilanz und

4. den Anhang.

(5) Der Haushaltsrechnung werden als Anlagen beigefügt

1. die Abrechnungen der Wirtschaftspläne der Einrichtungen nach § 26 Absatz 1,

2. eine Übersicht über die über- und außerplanmäßigen Kosten und die über- und außerplanmäßigen Auszahlungen für Investitionen und Darlehen jeweils einschließlich der Vorgriffe und ihre Begründung und

3. eine Übersicht über die den Haushalt in Einzahlungen und Auszahlungen durchlaufenden Posten.

Die Jahresabschlüsse und Lageberichte der Einrichtungen nach § 26 Absatz 1 sind der Bürgerschaft zugänglich zu machen.

§ 78
Bestandteile und Gliederung der Konzernrechnung

(1) Die Konzernrechnung besteht aus dem Konzernabschluss und dem Konzernlagebericht.

(2) Der Konzernabschluss ist eine konsolidierte Zusammenfassung der Abrechnung des Gesamtplans (Jahresabschluss) und der Jahresabschlüsse der zu konsolidierenden Organisationen.

(3) Der Konzernabschluss besteht aus

1. der Konzernbilanz,

2. der Konzernergebnisrechnung,

3. der Kapitalflussrechnung,

4. dem Konzernanhang sowie

5. dem Eigenkapitalspiegel.

§ 79
Ermächtigungsvortrag, Ermächtigungsvorbelastung, Überschuss, Fehlbetrag

(1)[47] Für die Summe der Ermächtigungen, Kosten zu verursachen, die nach § 47 Absatz 2 auf das nachfolgende Haushaltsjahr übertragen werden, ist ein besonderer bilanzieller Ermächtigungsvortrag zu bilden. Für die Summe der nach § 47 Absatz 3 Sätze 1 und 3 vorzutragenden Fehlbeträge ist eine besondere bilanzielle Ermächtigungsvorbelastung zu bilden. Der Vortrag und die Vorbelastung sind im Folgejahr aufzulösen.

(2) In den Erläuterungen der doppischen Finanzrechnungen der Teilpläne sind die übertragenen Ermächtigungen, Auszahlungen für Investitionen und Darlehen zu

---

47   § 79 Absätze 1, 3 und 6 geändert durch das Gesetz zur Anpassung haushaltsrechtlicher Vorschriften vom 4. April 2017 (HmbGVBl. S. 92).

leisten, darzustellen. Auf die fortbestehenden Ermächtigungen nach § 28 Absatz 4 ist hinzuweisen.

(3)[47] Übersteigen die Steuererträge den nach § 27 Absatz 2 für das Haushaltsjahr festgestellten Trendwert, sind sie insoweit einer Konjunkturposition zuzuführen. Liegen die Steuererträge unterhalb dieses Trendwerts, reduziert der daraus resultierende Differenzbetrag die Konjunkturrücklage oder es wird, soweit diese nicht vorhanden oder auskömmlich ist, eine konjunkturell bedingte bilanzielle Vorbelastung gebildet.

(4)[48] Soweit auf Grund eines Gesetzes nach § 27 Absatz 3 Nummer 3 ein Fehlbetrag entsteht, darf in dessen Höhe eine notsituationsbedingte bilanzielle Vorbelastung gebildet werden.

(5)[48] Ergibt sich aus den Erträgen und Aufwendungen, den Maßnahmen nach den Absätzen 1, 3 und 4 sowie dem Ausgleich notsituationsbedingter bilanzieller Vorbelastungen gemäß § 27 Absatz 3 Nummer 3 in der Gesamtergebnisrechnung ein positiver Saldo, ist dieser der allgemeinen Rücklage zuzuführen.

(6)[47] Die Ermächtigung nach § 28 Absatz 3 Satz 1 Nummer 1 in Verbindung mit § 28 Absatz 2 Satz 1 Nummer 3 darf nur insoweit in Anspruch genommen werden, als die Steuererträge unterhalb des sich nach § 27 Absatz 2 für das Haushaltsjahr ergebenden Trendwerts liegen.

§ 80
Übermittlung der Haushaltsrechnung und der Konzernrechnung

(1) Über die Haushaltsrechnung und die Konzernrechnung beschließt der Senat in der Regel so rechtzeitig im nächsten Rechnungsjahr, dass sie der Bürgerschaft zusammen mit den Vermerken über die Bestätigung des Rechnungshofs nach § 89 Absatz 3 zur ersten Sitzung im September zugeleitet werden können. Die für die Finanzen zuständige Behörde kann bestimmen, dass diese Rechnungen zu einem späteren Zeitpunkt vorgelegt werden. Der für den Haushalt zuständige Ausschuss der Bürgerschaft ist darüber unverzüglich zu informieren.

(2) Der Senat übersendet dem Rechnungshof mit der Vorlage des Jahresabschlusses und des Lageberichts sowie des Konzernabschlusses und des Konzernlageberichts die Bestätigung, dass die dafür vorgelegten Unterlagen und Nachweise vollständig und richtig sind.

---

48 § 79 Absätze 4 und 5 sind am 1. Januar 2020 in Kraft getreten (Artikel 40 § 1 Absatz 1 Satz 1 SNH-Gesetz, HmbGVBl. S. 503, 533). Bis zum Haushaltsjahr 2019 war insoweit Artikel 40 § 5 Absätze 3 und 4 SNH-Gesetz anzuwenden.

Teil V
Überwachung der Haushalts- und Wirtschaftsführung

§ 81
Aufgaben des Rechnungshofs

(1) Der Rechnungshof überwacht die gesamte Haushalts- und Wirtschaftsführung der Freien und Hansestadt Hamburg einschließlich ihrer Sondervermögen und Landesbetriebe.

(2) Der Rechnungshof kann auf Grund von Prüfungserfahrungen die Bürgerschaft, den Senat und den Präses der Finanzbehörde beraten. Soweit der Rechnungshof die Bürgerschaft schriftlich berät, unterrichtet er gleichzeitig den Senat. Soweit der Rechnungshof den Senat oder den Präses der Finanzbehörde schriftlich berät, unterrichtet er gleichzeitig die Bürgerschaft.

(3) Die Bürgerschaft, der Senat oder der Präses der Finanzbehörde kann den Rechnungshof ersuchen, sich auf Grund von Prüfungserfahrungen gutachtlich zu äußern. In bedeutsamen Einzelfällen können sie oder ein Fünftel der Mitglieder der Bürgerschaft ein Prüfungs- und Berichtsersuchen an den Rechnungshof richten. Die Bürgerschaft oder ein Fünftel ihrer Mitglieder kann ein Prüfungs- und Berichtsersuchen zu den finanziellen Auswirkungen des Anliegens einer Volksinitiative an den Rechnungshof richten. Der Rechnungshof entscheidet unabhängig, ob er dem Ersuchen entspricht. Absatz 2 Sätze 2 und 3 gilt entsprechend.

§ 82
Gegenstände der Prüfung

(1) Der Rechnungshof prüft im Rahmen seiner Überwachung der Haushalts- und Wirtschaftsführung insbesondere

1. die Erlöse und Kosten sowie die Einzahlungen, Auszahlungen und Verpflichtungen zur Leistung von Auszahlungen sowie Art und Umfang der erbrachten Leistungen und die dafür eingesetzten Ressourcen,

2. die Haushaltsrechnung, insbesondere den Jahresabschluss und den Lagebericht,

3. den Konzernabschluss und den Konzernlagebericht sowie

4. Maßnahmen, die sich finanziell auswirken können.

(2) Der Rechnungshof kann nach seinem Ermessen die Prüfung beschränken und Rechnungen ungeprüft lassen.

§ 83
Maßstäbe der Prüfung

Die Prüfung erstreckt sich auf die Einhaltung der für die Haushalts- und Wirtschaftsführung geltenden Vorschriften und Grundsätze, insbesondere darauf, ob

1. der Haushaltsbeschluss und der Haushaltsplan eingehalten worden sind,

2. die Einzahlungen und Auszahlungen sowie die Erlöse und Kosten begründet und belegt sind,

3. die Buchführung, der Jahresabschluss sowie der Konzernabschluss den Grundsätzen der staatlichen Doppik entsprechen,

4. der Lagebericht mit dem Jahresabschluss und der Konzernlagebericht mit dem Konzernabschluss in Einklang stehen, der Lagebericht und der Konzernlagebericht insgesamt ein zutreffendes Bild von der Lage des Haushalts beziehungsweise des Konzerns vermitteln sowie dabei die Chancen und Risiken der zukünftigen Entwicklung zutreffend dargestellt sind,

5. wirtschaftlich und sparsam verfahren wird,

6. die Aufgabe mit geringerem Personal- oder Sachaufwand oder auf andere Weise wirksamer erfüllt werden kann.

§ 84
Prüfung bei Stellen außerhalb der Verwaltung

(1)[49] Der Rechnungshof ist berechtigt, bei Stellen außerhalb der Verwaltung zu prüfen, wenn sie

1. Teile des Haushaltsplans ausführen oder von der Freien und Hansestadt Hamburg Ersatz von Aufwendungen erhalten,

2. Ermächtigungen des Haushaltsplans oder Vermögensgegenstände der Freien und Hansestadt Hamburg bewirtschaften beziehungsweise verwalten oder

3. von der Freien und Hansestadt Hamburg Zuwendungen erhalten oder

4. als juristische Personen des privaten Rechts oder Personengesellschaften, an denen die Freie und Hansestadt Hamburg unmittelbar oder mittelbar mit Mehrheit beteiligt ist, nicht im Wettbewerb stehen, bestimmungsgemäß ganz oder überwiegend öffentliche Aufgaben erfüllen oder diesem Zweck dienen und hierfür Haushaltsmittel oder Gewährleistungen der Freien und Hansestadt Hamburg erhalten.

Leiten diese Stellen die Mittel an Dritte weiter, so kann der Rechnungshof auch bei diesen prüfen.

(2) Die Prüfung erstreckt sich auf die bestimmungsgemäße und wirtschaftliche Verwaltung und Verwendung. Bei Zuwendungen kann sie sich auch auf die sonstige Haushalts- und Wirtschaftsführung der Empfängerin oder des Empfängers erstrecken, soweit es der Rechnungshof für seine Prüfung für notwendig hält.

(3) Bei der Gewährung von Darlehen sowie bei der Übernahme von Bürgschaften, Garantien oder sonstigen Gewährleistungen kann der Rechnungshof bei den

---

49   § 84 Absatz 1 Nummer 4 und Absatz 4 angefügt durch das Gesetz zur Anpassung haushaltsrechtlicher Vorschriften vom 4. April 2017 (HmbGVBl. S. 92).

Beteiligten prüfen, ob sie ausreichende Vorkehrungen gegen Nachteile für die Freie und Hansestadt Hamburg getroffen oder ob die Voraussetzungen für eine Inanspruchnahme der Freien und Hansestadt Hamburg vorgelegen haben.

(4)[49] Bei den juristischen Personen des privaten Rechts oder Personengesellschaften im Sinne des Absatzes 1 Satz 1 Nummer 4 erstreckt sich die Prüfung auf die gesamte Haushalts- und Wirtschaftsführung. Handelt es sich um ein Unternehmen, erfolgt die Prüfung unter Beachtung kaufmännischer Grundsätze.

§ 85
Überwachung staatlicher Betätigung bei privatrechtlichen Unternehmen

(1) Der Rechnungshof überwacht die Betätigung der Freien und Hansestadt Hamburg bei Unternehmen in einer Rechtsform des privaten Rechts, an denen sie unmittelbar oder mittelbar beteiligt ist, unter Beachtung kaufmännischer Grundsätze.

(2) Absatz 1 gilt entsprechend bei Genossenschaften, in denen die Freie und Hansestadt Hamburg Mitglied ist.

§ 86
Gemeinsame Prüfung

Ist für die Prüfung sowohl der Rechnungshof als auch der Bundesrechnungshof oder der Rechnungshof eines anderen Landes zuständig, so soll gemeinsam geprüft werden. Der Rechnungshof kann mit dem Bundesrechnungshof und den Rechnungshöfen anderer Länder die Übertragung oder die Übernahme von Prüfungsaufgaben vereinbaren.

§ 87
Zeit und Art der Prüfung

(1) Der Rechnungshof bestimmt Zeit und Art der Prüfung und lässt erforderliche örtliche Erhebungen durch Beauftragte vornehmen.

(2) Der Rechnungshof kann Sachverständige hinzuziehen.

§ 88
Vorlage- und Auskunftspflichten

(1) Unterlagen, die der Rechnungshof zur Erfüllung seiner Aufgaben für erforderlich hält, sind ihm auf Verlangen innerhalb einer von ihm zu bestimmenden Frist zu übersenden oder seinen Beauftragten vorzulegen. Der Rechnungshof kann alle Nachweise, die für eine Prüfung der Abschlüsse, des Lageberichts und des Konzernlageberichts notwendig sind, verlangen.

(2) Dem Rechnungshof und seinen Beauftragten sind die erbetenen Auskünfte zu erteilen.

(3)[50] Die Vorlage- und Auskunftspflicht nach den Absätzen 1 und 2 umfasst auch elektronisch gespeicherte Daten sowie deren automatisierten Abruf.

§ 89
Prüfungsergebnis

(1) Der Rechnungshof teilt das Prüfungsergebnis den zuständigen Stellen zur Äußerung innerhalb einer von ihm zu bestimmenden Frist mit. Er kann es auch anderen Stellen mitteilen, soweit er dies aus besonderen Gründen für erforderlich hält.

(2) Prüfungsergebnisse von grundsätzlicher oder erheblicher finanzieller Bedeutung teilt der Rechnungshof auch der für die Finanzen zuständigen Behörde mit.

(3) Das Prüfungsergebnis zum Jahresabschluss, zum Konzernabschluss, zum Lagebericht und zum Konzernlagebericht fasst der Rechnungshof in Bestätigungsvermerken zusammen, die auch eingeschränkt erteilt oder versagt werden können. Aus den Vermerken muss sich ergeben, ob der Jahresabschluss und der Konzernabschluss unter Beachtung der Grundsätze der staatlichen Doppik ein den tatsächlichen Verhältnissen entsprechendes Bild der Vermögens-, Finanz- und Ertragslage vermitteln, ob der Lagebericht und der Konzernlagebericht im Einklang mit dem Jahresabschluss und dem Konzernabschluss stehen und ob der Lagebericht und der Konzernlagebericht insgesamt ein zutreffendes Bild von der Lage des Haushalts beziehungsweise des Konzerns vermitteln. Dabei ist auch darauf einzugehen, ob die Chancen und Risiken der zukünftigen Entwicklung zutreffend dargestellt sind.

(4) Der Rechnungshof ist zu hören, wenn die Verwaltung Ansprüche, die in Prüfungsmitteilungen erörtert worden sind, nicht verfolgen will. Er kann auf die Anhörung verzichten.

§ 90
Jahresbericht

(1) Der Rechnungshof fasst das Ergebnis seiner Prüfungen, soweit es für die Entlastung des Senats von Bedeutung sein kann, jährlich in einem Bericht zusammen, den er der Bürgerschaft und dem Senat zuleitet.

(2) In dem Bericht ist insbesondere mitzuteilen,

1. ob Einzahlungen und Auszahlungen sowie Erlöse und Kosten begründet und belegt sind,

2. in welchen Fällen von Bedeutung die für die Haushalts- und Wirtschaftsführung geltenden Vorschriften und Grundsätze nicht beachtet worden sind,

---

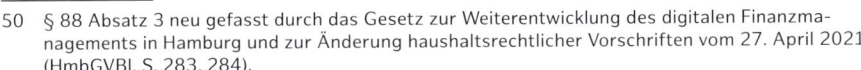

50 § 88 Absatz 3 neu gefasst durch das Gesetz zur Weiterentwicklung des digitalen Finanzmanagements in Hamburg und zur Änderung haushaltsrechtlicher Vorschriften vom 27. April 2021 (HmbGVBl. S. 283, 284).

3. welche wesentlichen Beanstandungen sich aus der Prüfung der Betätigung bei Unternehmen mit eigener Rechtspersönlichkeit ergeben haben und

4. welche Maßnahmen für die Zukunft empfohlen werden.

(3) In den Bericht können Feststellungen auch über spätere oder frühere Haushaltsjahre aufgenommen werden.

(4) Geheim zu haltende Angelegenheiten werden der Präsidentin oder dem Präsidenten der Bürgerschaft und des Senats mitgeteilt.

§ 91
Aufforderung zum Schadenausgleich

Der Rechnungshof macht der zuständigen Stelle unverzüglich Mitteilung, wenn nach seiner Auffassung ein Schadenersatzanspruch geltend zu machen ist.

§ 92
Angelegenheiten von besonderer Bedeutung

Über Angelegenheiten von besonderer Bedeutung kann der Rechnungshof die Bürgerschaft und den Senat jederzeit unterrichten. Berichtet er der Bürgerschaft, so unterrichtet er gleichzeitig den Senat.

§ 93
Vorprüfung

(1) Bei den Behörden werden nach Bedarf Vorprüfungsstellen eingerichtet.

(2) Der Senat bestimmt im Einvernehmen mit dem Rechnungshof die Einrichtung der Vorprüfungsstellen.

(3) Die Vorprüfungsstelle ist Teil der Behörde, bei der sie eingerichtet ist. Sie soll der Behördenleitung unmittelbar unterstellt werden.

(4) Die Vorprüfungsstelle unterliegt bei ihrer Prüfungstätigkeit fachlich nur den Weisungen des Rechnungshofs.

(5) Die Leiterin oder der Leiter der Vorprüfungsstelle wird im Einvernehmen mit dem Rechnungshof, die Prüferinnen und Prüfer werden nach Anhörung des Rechnungshofs bestellt und abberufen.

(6) Die Vorprüfungsstelle legt dem Rechnungshof das Ergebnis der Vorprüfung mit den erforderlichen Bescheinigungen und Erläuterungen vor.

(7) Der Rechnungshof kann zulassen, dass die Vorprüfung beschränkt wird.

(8)[51] Die für die Finanzen zuständige Behörde regelt das Nähere im Einvernehmen mit dem Rechnungshof.

---

51   § 93 Absatz 8 geändert durch das Gesetz zur Anpassung haushaltsrechtlicher Vorschriften vom 4. April 2017 (HmbGVBl. S. 92).

§ 94
Rechnung des Rechnungshofs

Die Rechnung des Rechnungshofs wird von der Bürgerschaft geprüft, die auch die Entlastung erteilt.

§ 95
Unterrichtung des Rechnungshofs

(1) Der Rechnungshof ist unverzüglich zu unterrichten, wenn

1. Verwaltungsvorschriften erlassen werden, welche die Ausführung des Haushaltsplans betreffen oder sich auf die Einzahlungen, Auszahlungen, Erlöse oder Kosten auswirken,

2. den Haushalt berührende Verwaltungseinrichtungen oder Landesbetriebe geschaffen, wesentlich geändert oder aufgelöst werden,

3. unmittelbare Beteiligungen oder mittelbare Beteiligungen im Sinne des § 65 Absatz 3 an Unternehmen begründet, wesentlich geändert oder aufgegeben werden,

4. Vereinbarungen zwischen der Freien und Hansestadt Hamburg und Stellen außerhalb der Verwaltung oder zwischen Behörden über die Ausführung des Haushaltsplans getroffen werden oder

5. organisatorische oder sonstige Maßnahmen von erheblicher finanzieller Tragweite getroffen werden.

(2) Der Rechnungshof kann sich jederzeit zu den in Absatz 1 genannten Maßnahmen äußern.

§ 96
Anhörung des Rechnungshofs

(1) Der Rechnungshof ist vor dem Erlass von Verwaltungsvorschriften zur Durchführung dieses Gesetzes zu hören.

(2) Zu den Verwaltungsvorschriften im Sinne des Absatzes 1 gehören auch allgemeine Dienstanweisungen über die Verwaltung der Kassen und Zahlstellen, über die Buchführung und den Nachweis des Vermögens.

§ 97
Prüfung der juristischen Personen des privaten Rechts

(1) Der Rechnungshof prüft die Haushalts- und Wirtschaftsführung der juristischen Personen des privaten Rechts, wenn

1. sie auf Grund eines Gesetzes von der Freien und Hansestadt Hamburg Zuschüsse erhalten oder eine Garantieverpflichtung der Freien und Hansestadt Hamburg gesetzlich begründet ist,

2. sie von der Freien und Hansestadt Hamburg oder durch von ihr bestellte Personen allein oder überwiegend verwaltet werden,

3. mit dem Rechnungshof eine Prüfung durch ihn vereinbart ist oder

4. sie nicht Unternehmen sind und in ihrer Satzung mit Zustimmung des Rechnungshofs eine Prüfung durch ihn vorgesehen ist.

(2) Absatz 1 ist auf die von der Freien und Hansestadt Hamburg verwalteten Treuhandvermögen anzuwenden.

(3) Steht der Freien und Hansestadt Hamburg vom Gewinn eines Unternehmens, an dem sie nicht beteiligt ist, mehr als der vierte Teil zu, so prüft der Rechnungshof den Abschluss und die Geschäftsführung daraufhin, ob die staatlichen Interessen nach den bestehenden Bestimmungen gewahrt worden sind.

TEIL VI
Landesunmittelbare juristische Personen des öffentlichen Rechts

§ 98
Anwendung

(1)[52] Für landesunmittelbare juristische Personen des öffentlichen Rechts gelten die §§ 99 bis 103, soweit nicht durch Gesetz oder auf Grund eines Gesetzes etwas anders bestimmt ist.

(2) Für landesunmittelbare juristische Personen des öffentlichen Rechts kann die zuständige Behörde im Einvernehmen mit der für die Finanzen zuständigen Behörde und dem Rechnungshof Ausnahmen von den in Absatz 1 bezeichneten Vorschriften zulassen, soweit kein erhebliches finanzielles Interesse der Freien und Hansestadt Hamburg besteht.

§ 99
Wirtschaftsführung, Rechnungswesen

Für die Wirtschaftsführung und das Rechnungswesen der landesunmittelbaren juristischen Personen des öffentlichen Rechts gelten die Vorschriften des Dritten Buchs des Handelsgesetzbuchs sowie des Einführungsgesetzes zum Handelsgesetzbuch vom 10. Mai 1897 (BGBl. III 4101-1), zuletzt geändert am 4. Oktober 2013 (BGBl. I S. 3746, 3747), in der jeweils geltenden Fassung. Dabei sind die Grundsätze der Wirtschaftlichkeit und Sparsamkeit zu beachten.

---

52   Verweis in § 98 Absatz 1 geändert durch das Gesetz zur Weiterentwicklung des digitalen Finanzmanagements in Hamburg und zur Änderung haushaltsrechtlicher Vorschriften vom 27. April 2021 (HmbGVBl. S. 283, 284).

§ 100
Wirtschaftsplan

(1) Das zur Geschäftsführung berufene Organ einer landesunmittelbaren juristischen Person des öffentlichen Rechts hat vor Beginn jedes Wirtschaftsjahres einen Wirtschaftsplan aufzustellen und dabei die Grundsätze der Notwendigkeit, Vollständigkeit, Einheit und Fälligkeit zu beachten.

(2) Hat die juristische Person neben dem zur Geschäftsführung berufenen Organ ein besonderes Beschlussorgan, das in wichtigen Verwaltungsangelegenheiten zu entscheiden oder zuzustimmen oder die Geschäftsführung zu überwachen hat, so hat dieses den Wirtschaftsplan festzustellen. Das zur Geschäftsführung berufene Organ hat dem Beschlussorgan vorzulegen.

§ 101
Umlagen, Beiträge

Ist die landesunmittelbare juristische Person des öffentlichen Rechts berechtigt, von ihren Mitgliedern Umlagen oder Beiträge zu erheben, so ist die Höhe der Umlagen oder der Beiträge für das neue Wirtschaftsjahr gleichzeitig mit der Feststellung des Wirtschaftsplans festzusetzen.

§ 102
Genehmigung des Wirtschaftsplans

Der Wirtschaftsplan und die Festsetzung der Umlagen oder der Beiträge bedürfen bei landesunmittelbaren juristischen Personen des öffentlichen Rechts der Genehmigung der zuständigen Behörde. Der Wirtschaftsplan und der Beschluss über die Festsetzung der Umlagen oder der Beiträge sind der zuständigen Behörde bis spätestens einen Monat vor Beginn des Wirtschaftsjahres vorzulegen. Der Wirtschaftsplan und der Beschluss können nur gleichzeitig in Kraft treten.

§ 103
Rechnungslegung, Prüfung, Entlastung

(1) Nach Ende des Wirtschaftsjahres hat das zur Geschäftsführung berufene Organ der landesunmittelbaren juristischen Person des öffentlichen Rechts einen Jahresabschluss sowie einen Lagebericht aufzustellen.

(2) Der Jahresabschluss und der Lagebericht sind, unbeschadet einer Prüfung durch den Rechnungshof nach § 104, von der durch Gesetz oder Satzung bestimmten Stelle zu prüfen. Die Satzungsvorschrift über die Durchführung der Prüfung bedarf der Zustimmung der zuständigen Behörde im Einvernehmen mit dem Rechnungshof.

(3) Die Entlastung erteilt die zuständige Behörde. Ist ein besonderes Beschlussorgan vorhanden, obliegt ihm die Entlastung; die Entlastung bedarf dann der Genehmigung der zuständigen Behörde.

§ 104
Überwachung durch den Rechnungshof

(1) Der Rechnungshof überwacht die Haushalts- und Wirtschaftsführung der landesunmittelbaren juristischen Personen des öffentlichen Rechts. § 82 Absatz 1 Nummern 1 und 4 sowie §§ 83 bis 92, 95 und 96 sind entsprechend anzuwenden.

(2) Für landesunmittelbare juristische Personen des öffentlichen Rechts kann die zuständige Behörde im Einvernehmen mit der für die Finanzen zuständigen Behörde und dem Rechnungshof Ausnahmen von Absatz 1 zulassen, soweit kein erhebliches finanzielles Interesse der Freien und Hansestadt Hamburg besteht. Die nach bisherigem Recht zugelassenen Ausnahmen bleiben unberührt.

§ 105
Sonderregelungen

(1) Auf die landesunmittelbaren Träger der gesetzlichen Krankenversicherung, der sozialen Pflegeversicherung, der gesetzlichen Unfallversicherung und der gesetzlichen Rentenversicherung einschließlich der Altershilfe für Landwirte ist nur § 104 anzuwenden, und zwar nur dann, wenn sie auf Grund eines hamburgischen Gesetzes von der Freien und Hansestadt Hamburg Zuschüsse erhalten oder eine Garantieverpflichtung der Freien und Hansestadt Hamburg gesetzlich begründet ist. Auf die Verbände der in Satz 1 genannten Sozialversicherungsträger ist unabhängig von ihrer Rechtsform § 104 anzuwenden, wenn Mitglieder dieser Verbände der Überwachung durch den Rechnungshof unterliegen. Auf sonstige Vereinigungen auf dem Gebiet der Sozialversicherung finden die Vorschriften dieses Gesetzes keine Anwendung.

(2) Auf Unternehmen in der Rechtsform einer landesunmittelbaren juristischen Person des öffentlichen Rechts sind unabhängig von der Höhe der Beteiligung der Freien und Hansestadt Hamburg § 65 Absatz 1 Nummern 3 und 4 und Absätze 2 und 3, § 68 Absatz 1 und § 69 entsprechend, § 104 unmittelbar anzuwenden. Für Unternehmen in einer Rechtsform des privaten Rechts, an denen die in Satz 1 genannten Unternehmen unmittelbar oder mittelbar mit Mehrheit beteiligt sind, gelten die §§ 53 und 54 des Haushaltsgrundsätzegesetzes und die §§ 65 bis 69 entsprechend.

(3)[53] Die zuständige Behörde soll darauf hinwirken, dass in landesunmittelbaren juristischen Personen des öffentlichen Rechts, die in die Konzernrechnung nach § 78 einzubeziehen sind, die Bilanzierungs- und Bewertungsstandards nach § 65 Absatz 5 zugrunde gelegt werden.

---

53 § 105 Absatz 3 angefügt durch das Gesetz zur Anpassung haushaltsrechtlicher Vorschriften vom 4. April 2017 (HmbGVBl. S. 92).

TEIL VII
Landesbetriebe, Sondervermögen

§ 106
Begriffsbestimmungen, anzuwendende Vorschriften

(1) Betriebe der Freien und Hansestadt Hamburg (Landesbetriebe) sind rechtlich unselbständige Teile der Verwaltung der Freien und Hansestadt Hamburg mit eigener Wirtschaftsführung und eigenem Rechnungswesen.

(2) Sondervermögen sind rechtlich unselbständige, abgesonderte Teile des Vermögens der Freien und Hansestadt Hamburg mit eigener Wirtschaftsführung und eigenem Rechnungswesen, die durch Gesetz oder auf Grund eines Gesetzes zur Erfüllung bestimmter Aufgaben geschaffen werden.

(3) Landesbetriebe und Sondervermögen stellen einen Wirtschaftsplan auf.

(4)[54] Für die Wirtschaftsführung und das Rechnungswesen gelten die Vorschriften des Dritten Buchs des Handelsgesetzbuchs für große Kapitalgesellschaften sowie des Einführungsgesetzes zum Handelsgesetzbuch in der jeweils geltenden Fassung. Einzelheiten zur Wirtschaftsführung sowie Bestimmungen über die Aufstellung der Wirtschaftspläne erlässt die für die Finanzen zuständige Behörde. Dabei darf sie vom Handelsrecht abweichende Regelungen treffen, soweit dies auf Grund der Stellung der Landesbetriebe und Sondervermögen erforderlich ist. Soweit diese Regelungen Fälle des § 70 Absatz 3 Satz 1 Nummer 3 und Satz 2 betreffen, ist das Einvernehmen mit dem Rechnungshof herzustellen. Leistungen aus Gründen der Billigkeit dürfen nur gewährt werden, soweit der Haushaltsbeschluss dazu ermächtigt.

(5) Geschäftsjahr ist das Haushaltsjahr, soweit nicht durch Gesetz oder auf Grund eines Gesetzes etwas anderes bestimmt ist. Die zuständige Behörde kann im Einvernehmen mit der für die Finanzen zuständigen Behörde Ausnahmen zulassen.

(6) Auf die Prüfung der Jahresabschlüsse sind die Prüfungsgrundsätze des § 53 Absatz 1 Nummern 1 und 2 des Haushaltsgrundsätzegesetzes entsprechend anzuwenden.

---

54   Verweis in § 106 Absatz 4 Satz 4 geändert durch das Gesetz zur Weiterentwicklung des digitalen Finanzmanagements in Hamburg und zur Änderung haushaltsrechtlicher Vorschriften vom 27. April 2021 (HmbGVBl. S. 283, 284).

TEIL VIII
Feststellung des Jahresabschlusses, Billigung des Konzernabschlusses, Entlastung

§ 107
Feststellung des Jahresabschlusses, Billigung des Konzernabschlusses, Entlastung

(1) Die Bürgerschaft stellt den Jahresabschluss fest und billigt den Konzernabschluss.

(2) Auf der Grundlage der Haushaltsrechnung und der Konzernrechnung beschließt die Bürgerschaft über die Entlastung des Senats.

(3) Der Rechnungshof berichtet unmittelbar der Bürgerschaft und dem Senat.

(4) Die Bürgerschaft kann den Rechnungshof zur weiteren Aufklärung einzelner Sachverhalte auffordern.

(5) Die Bürgerschaft bestimmt einen Termin, zu dem der Senat über die eingeleiteten Maßnahmen zu berichten hat. Soweit Maßnahmen nicht zu dem beabsichtigten Erfolg geführt haben, kann die Bürgerschaft die Sachverhalte wieder aufgreifen.

(6) Die Bürgerschaft kann bestimmte Sachverhalte ausdrücklich missbilligen.

TEIL IX
Schlussbestimmungen

§ 108
Öffentlich-rechtliche Dienst- oder Amtsverhältnisse

(1) Vorschriften dieses Gesetzes für Beamtinnen und Beamte sind auf andere öffentlich-rechtliche Dienst- oder Amtsverhältnisse entsprechend anzuwenden.

(2)[55] § 53 gilt entsprechend für Richterinnen und Richter, die zur Dienstleistung in die Verwaltung abgeordnet werden und ihre Bezüge aus einer dort ausgebrachten Planstelle erhalten oder deren Rechte und Pflichten aus dem Dienstverhältnis für die Dauer der Mitgliedschaft im Deutschen Bundestag nach § 5 des Abgeordnetengesetzes oder im Europäischen Parlament nach § 8 des Europaabgeordnetengesetzesruhen.

---

55 § 108 Absatz 2 geändert durch das Gesetz zur Anpassung haushaltsrechtlicher Vorschriften vom 4. April 2017 (HmbGVBl. S. 92).

§ 109
Nachträgliche Zustimmung

Einer in diesem Gesetz vorgesehenen Einwilligung des Senats oder der für die Finanzen zuständigen Behörde bedarf es ausnahmsweise nicht, wenn sofortiges Handeln zur Abwendung einer der Freien und Hansestadt Hamburg drohenden unmittelbar bevorstehenden Gefahr erforderlich ist, das durch die Notlage gebotene Maß nicht überschritten wird und die Einwilligung nicht rechtzeitig eingeholt werden kann. Zu den getroffenen Maßnahmen ist die nachträgliche Zustimmung unverzüglich einzuholen.

Herausgeberin:
Finanzbehörde der Freien und Hansestadt Hamburg

Erstellung:
Freie und Hansestadt Hamburg
Finanzbehörde
Amt Haushalt & Aufgabenplanung
mit Unterstützung von Michael Klöker, Public Transfer

Kontakt:
Finanzbehörde der Freien und Hansestadt Hamburg
Amt Haushalt & Aufgabenplanung
Abteilung Haushaltsmodernisierung
Referat Wirkungsorientierte Steuerung, KLR und Berichtswesen
E-Mail: wirkungsorientierung@fb.hamburg.de

Lektorat:
Sigrun Heil (KSV Medien, Wiesbaden)

Gestaltung (grafische Elemente, Icons):
Carolin Glaßer, Landesbetrieb Geoinformation und Vermessung
Glenn Deiters und Barbara Kretschmar, Clear Cube Consulting GmbH

Bibliografische Information der Deutschen Nationalbibliothek
Die Deutsche Nationalbibliothek verzeichnet diese Publikation in der
Deutschen Nationalbibliografie; detaillierte bibliografische Daten sind
im Internet über http://dnb.dnb.de abrufbar.

© 2023 Kommunal- und Schul-Verlag GmbH & Co. KG · Wiesbaden
Alle Rechte vorbehalten
Satz: MetaLexis · Niedernhausen / Layout: Verlag
Umschlaggestaltung: Julia Desch
Druck: Print Consult GmbH, München
Printed in the EU

ISBN 978-3-8293-1895-2

Auch als eBook erhältlich: **ISBN 978-3-8293-1917-1**